信じない人のための〈宗教〉講義

中村圭志

みすず書房

信じない人のための〈宗教〉講義◇目次

1 はじめに

世界にはさまざまな伝統や文化があり、さまざまな制度があります。そのうち、一部のものを「宗教」と呼ぶ慣わしとなっています。

「宗教」と呼ばれているものは多種多様ですが、私たちの多くは、それらについてかならずしもバランスのよい知識をもっているわけではありません。何かの「宗教」を信じている人も、信じていない人も、「宗教」を立派なものだと考えている人も、馬鹿げたものだと考えている人も、みなそれぞれに、自分がたまたま知っている――あるいは頭のなかで想像している――「宗教」を土台にものを語る傾向があります。

キリスト教であれ仏教であれ、何か特定の「宗教」を〝信じている〟人であれば、自己の所属する伝統に照らして宗教一般を理解しようとするでしょうから、べつの伝統の教えにまで理解が及ばないのも、ある意味ではいたしかたありません。また、タイトルにあるように、本書がおもに読者として想定している〝信じない〟人にとって、「宗教」には、どこかあやしい、近寄りがたいものという身構えがあるものと思われます。このハードルを乗り越えて、他人の内面的な信仰なるものの実態をただありのままに認知するのは、まず不可能です。

そんなわけで、「宗教」をめぐっては、信じる、信じないにかかわらず、話の行き違い、勘違いというものが起こりえます。

それじゃ困るだろうな、ということで、あなたをざっくばらんな世界「宗教」へのツアーにご招待する本を書いてみました。それがこの本です。この本のポイントは、いわゆる「宗教」を、個人の信仰にいつも焦点を結ぶような、何か特別な教えとしては捉えていないことです。つまり「宗教」を、他のさまざまな生活様式とハッキリと区別される特殊なものとして書いていないのです。人間は、衣食住、遊び、仕事、組織活動から政治まで、いろいろなことをやっていますし、そのつどいろいろなものを信じています。「宗教」という特別な生活様式があると考えなければならない必然性はありません。

あらかじめお断りしておけば、この本の著者である私自身は、特定の宗教団体には属しておりません。檀家としての家の宗旨であるとか、文化としての仏教・神道的な土俵の話をすれば別ですが、多数の日本人が「あなたの宗教は？」と聞かれてそう答えるように、いわゆる「無宗教」の一人と言うべきかもしれません。ですからあなたに、なんらかの「宗教」を〝信じる〟ようお誘いするようなことはありません。それでも私はこれまで、「宗教」をめぐる行き違いや勘違いがなぜ起こるのか、たいていの日本人よりは時間をかけて考えてきました。

「宗教」という言葉はやや漠然とした言葉です。厳密に考えると意味不明であり、世界中の民族がこの言葉（の翻訳語）をまったく同じ意味で用いているわけではありません。英語でレリジョン、ロシア語でリリーギヤ、ギリシャ語でスリスキア、アラビア語でディーン、ヒンディー語でダルム、中国語でツォンチアオ、日本語でシューキョーと呼ばれていますが、そのすべてが、時代と社会の違いを超えて、同じような意味内容を表してきたとは言えません。しかもこの言葉ははっきりとした教えから無意識的な習慣まで、民族の大伝統から小集団の権力組織、さらには個人的霊感まで、文脈次第で伸縮自在にさまざまなものを指すことができます。

この茫漠と広がる意味領域を大雑把にひっくるめて述べるとすると、「宗教」とはなんらかの制度として存在している、とでも言っておくしかなさそうです。そうした制度の別の側面は、人びとの意識のなかに現れるさまざまな世界イメージです。宗教家に言わせれば、神様の話はたんなる事実であって「イメージ」ではない、ということになるかもしれませんが、しかしそうした宗教家もまた神様の「信仰」ということを言います。信仰とは人間のイメージ能力の一種にほかなりません。

人びとは日々の暮らしのなかで世界イメージを自己のものとする努力を行なっています。この努力の世界に読者をいざなおうというのが本書の目的です。この努力のなかには、神様や宇宙や人間や運命をイメージしようという宗教信者の努力も、そうしたもろもろの努力を「宗教」的努力としてひとまとめに論じようという宗教学者の努力も、宗教信者と宗教学者の努力を自分の生活にひっかけてイメージしようという読者自身の努力も含まれています。

本書の前半では「宗教」の名がかぶされている世界各地の伝統をざっと眺めてみます。そして本書の後半では、そもそも「宗教」という言葉が何を指しているものなのか、この言葉に意味はあるのか、意味があるとしても、みながアサッテの方向を向いてこの言葉を用いていないか、について少し考えてみます。

本書の目的は、「宗教」のなかにさまざまな思い入れを——期待であれ侮蔑であれ——放り込んで十把一絡げに語る私たちの性急な姿勢をもみほぐすことです。そして、私たちがもっと広い視点から世界や歴史について考えることができるようにするための、ちょっとした頭の体操にお誘いすることです。

2 宗教のネットワーク、無限の多様性

宗派という方言

「宗教」について知ろうとするとき、「イスラム教って何?」「ヒンドゥー教って何やるの?」「仏教とキリスト教とでは何が違うの? 何が同じなの?」というふうに単刀直入に答えが欲しいと思うものでしょう。

これに対して、ある程度単純化して手っとり早く説明することは可能です。たとえば「キリスト教では、救世主としてこの世に現れたイエス・キリストを信じております。キリストについては聖書に書かれております。それから……」というふうにコンパクトに説明していくことができるでしょう。しかし、これに続けて「毎日曜日、神父様がミサをあげて……」というふうに続けると、これは「キリスト教」全部を説明したことにはなりません。カトリックでは「神父」様がいらっしゃいますが、プロテスタントではたいてい「牧師」様と言います。それに「ミサ」はカトリックの儀式です。

ロシアのキリスト教では「イコン」と呼ばれる聖画にキスしたりお灯明をともしたりしますが、プロテスタントでもカトリックでもこれはやりません。救世主キリストとはどんな御方なのか、すべて

のキリスト教徒が同じような見解を抱いているわけではありません。カトリックではマリア様をたいへんに重んじますが、プロテスタントではそうでもありません。

こんなふうに、派閥による違いというのがたくさんあります。そんなのは仏教でも同じですよね？　日蓮宗では「なんみょーほーれんげーきょー」と唱えますが、浄土真宗では「なんまんだぶぅ」です。教義も異なります。日本とタイとでは、同じく「仏教国」と呼ばれていても、用いている経典も違うし、修行のやり方も異なっています。

こういう違いというのは、調べれば調べるほどたくさん出てきます。ちょうど、同じく「日本語」を話していると言っても鹿児島と秋田とではだいぶ言葉が違っているというのと同じです。

つまり宗教には「方言」の差があるのです。方言の差が大きくなると、たとえば琉球方言を東京人が耳にしてもさっぱりわからないように、同じ宗教に属しているはずでも、たがいに相手が何をやっているのかさっぱりわからないなんてこともあります。

こうした方言のことをふつう「宗派」と言います。カトリックとプロテスタントでは宗派が違うのです。

そして方言がさらに細かい方言に分かれていくように、宗派もまたさらに細かい宗派に分かれていきます。同じ琉球方言でも沖縄本島と宮古島と石垣島とでは言葉が違っています。たがいにほとんど話が通じないほど異なっている。それと同じように、たとえば等しくプロテスタントに属しているとしても、さらに細かい下位の宗派に分かれ、場合によってはたがいにずいぶん意見が異なっているのです。

そうやって数えていくと、ちょうど世界にたくさんの言語があり、その無数の方言があるように、たくさんの宗教と無数の宗派とがある、ということになります。

そんなわけですから、宗教には無数のヴァリエーションがあること、一言で○○教と言ってもけっしてひといろではないこと、これをまずご理解いただきたいと思うのです。

一人一人が宗派？

宗派の単位を細かく分けていくと……極端な考え方として、じつは一人一人違う「宗派」なのではないか、という意見も出てきそうです。ことわざにも「十人十色」と言います。じゃあ、地球上に六十数億人の人間がいるとすれば、六十数億種の「宗派（宗教？）」があると考えることもできるのではないか？

今は何でも個人主義の時代です。昔はみんな似たり寄ったりの考えをもって共同で暮らしていたものですが、今は、一人一人が勝手なことを考えて生きています。宗教もだいたい同様の傾向があり、今の日本では、一人一人がてんでんばらばらなことを主張していますから、○○教とか○○派とかといったふうにまとめあげることがだんだん困難になってきています。こういう状況はアメリカでもヨーロッパでも似ています。中東世界でも、過激派のなかにはイスラムの伝統からはずれた教義の解釈をしている人たちがいると聞きます。

じゃあ、いっそ宗教は（少なくとも今の時代は）完全に個人ごとに異なるものだと考えたほうがいいのでしょうか？

しかし、これも極端な考えのようです。

ふたたび言葉の例を持ち出せば、「近ごろ日本語が乱れておる」としょっちゅう言われているように、正しい日本語の規範とされてきたものがだんだんと守られなくなってきました。しかしそうは言っても、個人が完全に独自の言語を発明しているわけではありません。言葉の使用というのは集団的なものです。「おたく言葉」とか「業界用語」とかというものはありますが、「おたく」も「業界」も集団です。

同様に、宗教というものも、結局は、集団的な性格を離れることがありません。そういう意味では、ある程度の宗派的なまとまりというのはつねに存在していると言えます。ただ、個人と宗派の関係、宗派と宗派の関係は思いのほか複雑なんだ、とだけ認識しておけばいいでしょう。

というわけで、宗教というのは、まったく個人を単位として信じられているようなものではなく、似たような教えを共有している者どうしのネットワークのようなものだと考えることができます。ネットワークには緊密なものもありますし、ゆるやかなものもあります。つまり、がっちりとした教えの集団（教団）として組織化されているものもありますし、共感しあう者どうしのゆるやかな連携のようなものもあります。また、「教え」のなかには、文字どおり言葉のうえでの「教え」の場合もありますし、葬式のときの作法のような、あるいは滝に打たれる行のような、身体的な動作、つまり礼儀あるいは儀礼の場合もあります。そのようなもののネットワークとして「〇〇教」と総称される「宗教」があると考えられます。

そのような宗教のネットワークのいちばん大きな単位を探していくと、キリスト教、仏教、神道といった有名ブランドにいきつくわけです。

階層構造の例

念のため、キリスト教を例に挙げて、宗教というネットワークの階層構造をさらっと確認しておきたいと思います。

地上の人間の四人に一人はクリスチャンだと言われます。もちろんこれは数え方にもよります。統計的な数字というのはたいてい当てにならないものですから、ほんとうに何十億人という数のクリスチャンが――実質的に――いるのかどうかははっきりとしません。それでも、まあ、大規模な教えのネットワークとしてのキリスト教というものが地球上に存在していることは確かです。

これは大雑把に捉えたネットワークですから、細かく見れば、無数の小ネットワークの集合体です。まず、すでに述べたように「カトリック」と「プロテスタント」という部分的ネットワークがあります。これと並んで「東方正教会（ギリシャ正教）」と呼ばれるグループもありますし、さらにそれらと対等に並ぶものとして「エチオピア教会」とか「コプト教会」とか「ネストリオス派教会」いったものもあります。**↓第一ランク**

また、「プロテスタント」というのもさらに細分化することができます。そのなかには「ルター派」「メソディスト派」「バプティスト派」といったものが含まれます。みなさんもどこかで耳にされたことがあるのではないかと思います。**↓第二ランク**

もっと細分化していくと、具体的な組織としてのまとまりをもつ個々の教会があります。たとえば

アメリカの宗教組織を見てみますと、「ルター派」の細目として、

American Association of Lutheran Churches
Apostolic Lutheran Church of America
Association of Free Lutheran Congregation
Church of the Lutheran Brethren of America
Church of the Lutheran Confession
Evangelical Lutheran Church in America
Evangelical Lutheran Synod
Latvian Evangelical Lutheran Church in America
Lutheran Church-Missouri Synod
Wisconsin Evangelical Lutheran Synod

といった名前がリストアップされます。みな Lutheran（ルター派の）という形容詞がついているように、ルター派に属しています。それぞれが数万人から数百万人の公称の信者数をもっています。↓

第三ランク

「東方正教会（ギリシャ正教）」というのも総称であって、下位区分としてコンスタンティノポリス、ギリシャ、ブルガリア、ロシア、日本、アメリカ……と地域名を冠したそれぞれの「正教会」があります。「ロシア正教会」はご存じでしょうが、「日本正教会」のことはご存じないかもしれません。ロシアは国民の大半がこのロシア正教会に属していますが、日本人のほとんどは日本正教会には属して

いません。しかし、組織としては日本正教会というものがあります。東京神田にあるビザンチン風の教会堂（ニコライ堂）や函館にあるロシア風の教会堂で有名な「ハリストス正教会」です。ハリストスとはキリストのロシア語（およびギリシャ語）名です。↓第二ランク

混乱しましたか？　ここではそういういろいろな宗派や教団の名前を覚えてほしいと思って、いろいろと名前を挙げているわけではありません。ただ、「キリスト教」と一言で呼ばれる宗教が、実際には何段階ものグループの輪の重なりによって成立しているということをご理解いただきたくて、その例としてルター派だの正教会だのをごちゃごちゃと書き並べただけです。

仏教だって、イスラム教だって、ヒンドゥー教だって、同様に何段階にも重なった無数の宗派の集合体として存在しています。仏教の宗派（お宗旨）のことはなんとなく覚えていらっしゃるでしょう。日本史のおさらいになりますが、平安ごろに最澄さんが「天台宗」を開き、空海さんが「真言宗」を開きました。そのあと中世になって法然さんの「浄土宗」、栄西さんの「臨済宗」、親鸞さんの「浄土真宗」、道元さんの「曹洞宗」、日蓮さんの「日蓮宗」、一遍さんの「時宗」などが登場しました。最澄さん以前にできたお寺、奈良にある古代のお寺などは「華厳宗」（たとえば東大寺）とか「律宗」（たとえば唐招提寺）とかに属します。そしてこれらの「○○宗」がさらにいくつかのセクトに分かれており、無数に細分化された教団が「宗教法人」として公認されている次第です。

宗教が無数のセクトに分かれていると言うと、何か派閥争いばっかりやっているせこい奴らだと思われかねないのですが、考えてみると、人間のやることが無数の流儀・流派に分かれていくのは当然のことです。美術の世界にも「印象派」とか「キュビスム」とか「シュールレアリスム」とかという

のがあるでしょう？　学問だって「学派」に分かれていることがよくあります。宗教だって同じことです。

わわわーっと書きましたが、この節で私が言いたかったことは、キリスト教ひとつとっても、さまざまなグループ（宗派）の集合体であって、単純に「これがキリスト教ですよ」と紹介できるものではない、ということです。キリスト教は複数の異なるヴァージョンの重なり合いとして存在しています。宗教というのは、完全に個人的なものとして考えることもできないし、完全に一枚岩的なものとして考えることもできません。

ムハンマド・アサドという学者のコーランの詳細な注釈書の前書きには「私の共同体の学識ある者たちの間の意見の相違は、神の恩寵（の結果）である」という（イスラム教を創始した）預言者ムハンマドの言葉が書かれています。意見の違いがあるのが人間の常です。宗教も無数の解釈のヴァリエーションがあり、こうした差異が多数の宗派に分かれていく根拠となっています。宗教は、事実としても、理念としても、ヴァージョンの多様性に富んでいるということを、まず確認しておきたいと思います。

3 高校の地図帳に載っている「宗教」

信仰のネットワークは無数のグループからなり、何段階にもなる階層をなしているということを前章で説明しました。では、その階層のてっぺんに来る、いちばん大きな単位としての（世界的な）「宗教」にはどのようなものがあるでしょうか？　すでに述べた「キリスト教」「イスラム教」「仏教」なんてのは超有名ブランドですね。ほかに「ヒンドゥー教」があり、「儒教」や「道教」というのもあります。高校の地理で使う地図帳には「世界の宗教」といった名前の説明図が載っていたのを覚えていらっしゃいますか？　そういった地図にたいてい載っている宗教としては、ほかに「ユダヤ教」「シク教」「神道」が挙げられます。

ざっと九個。もちろん世界の宗教がこれで尽きるわけではありません。小規模な宗教というのは無数にあります。しかし、かなりの規模の人口をかかえている、テレビや新聞のニュースにもしょっちゅう登場する宗教というのは、ざっとこんなところです。もちろん、七個、八個しか載せていない地図もあるでしょうし、十個目、十一個目を載せている地図もあるでしょう。水金地火木土天海冥のようなもので、ここから冥王星を外すとか、セレスを入れるとかといった話に似ているかもしれません。

奇妙な世界地図

ところで、世界地図といえば、みなさんはたいてい地表の面積に比例した地図、つまりふつうの地図（図1）でご覧になっていると思いますが、それではいささか退屈なので、珍しい地図、人口比で描いた地図をご紹介しておきます。図2をご覧ください。

奇妙にいびつな地図ですが、国別に人口の大きさに合わせて描いたものです。これを見てわかるように、アメリカとかアフリカというのが意外と小さい一方、インドと中国がやたらとデカイですね。ヨーロッパ、中近東、アフリカが細々と分かれているのに対して、東アジアや東南アジアは大きな国が多くて、ぐゎしっぐゎしっと大づかみにできています。

統計表と同じく、地図というのは、正確な知識をもたらしてくれると同時に、ある種の先入観ももたらしてくれるものです。新聞やテレビで毎日毎日ロシアやカナダやオーストラリアを広大に描いている地図を見ていると、たいへんな大国という印象が植え付けられてしまいますが、人口比地図で見ると、けっこう小さい国だということがわかります。もちろん、国にとって面積が重大事ではないように、人口が多いから偉いとか幅を利かせてよいとかというわけではありません。どのような人口の少ない国や共同体にも、どのような支持者の少ない団体やグループにも、みずからの人生を生き、みずからの主張を世界に訴える権利があります。人口がすべてではない。とはいえ、人口比地図を見ることには、日ごろの面積地図による先入見を中和するという効用はあろうかと思います。

そこでこの人口比地図に、先ほど数え上げた大手どころの「宗教」をプロットしてみようと思いま

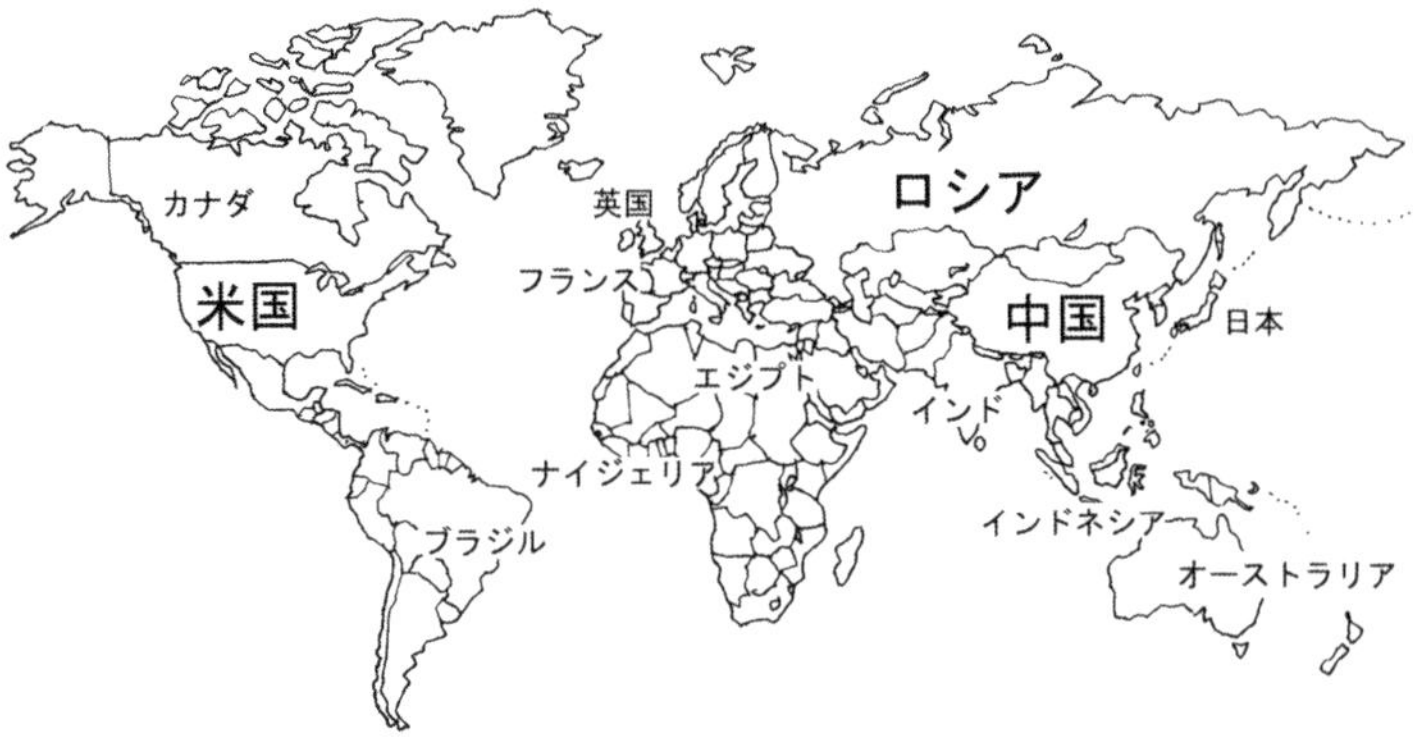
カナダ
英国
ロシア
米国
フランス
中国
日本
エジプト
インド
ナイジェリア
ブラジル
インドネシア
オーストラリア

図 1

ロシア
米国
中国
日本
パキスタン
インド
ナイジェリア
バングラデシュ
ブラジル
インドネシア

図 2

す。それが図3です。

気づくのは、「キリスト教」「イスラム教」「ヒンドゥー教」そして「仏教・儒教・道教混合地帯」がかなり大きなスペースを占めているということです。だいたい地表を四分していると言っていい。

高校の数学で教わった、X軸とY軸で四等分した座標空間で言いますと、(中国の南西端あたりをゼロ点として)第一象限にあるのが「仏教・儒教・道教混合地帯」、第二象限が「キリスト教」、第三象限が「イスラム教」、第四象限が「ヒンドゥー教」という感じになりそうですが、もちろん、実際はもっと複雑です。

南北両アメリカ大陸、ヨーロッパ、それからアフリカの半分くらいはキリスト教徒が多いですね。ほかにフィリピンなどにも多い。西アジアと北アフリカにはイスラム教徒が多いことがわかりますが、ほかにバングラデシュやインドネシアの周辺にもかなりの信徒数があります。じつは最大のイスラム教国はインドネシアです。サウジアラビアでもイランでもエジプトでもありません。

ヒンドゥー教はほとんどインド一国です。インド亜大陸にほぼ限られていることからヒンドゥー教は「民族宗教」というふうに言われますが、人口比地図で見るかぎり、インドそのものがデカイのですから、あんまり「民族」を云々するのは意味がなさそうに思えます。インドというのは、言語的にも複雑多様な国家で、インドひとつでヨーロッパに匹敵する多様性があります。

妙なのは、地図の東北の角にあたる「仏教・儒教・道教混合地帯」です。つまり中国の周辺、ようするに「漢字文化圏」ですが、三つの宗教が混ざっているというのは、世界の他地域から見ると例外的です。

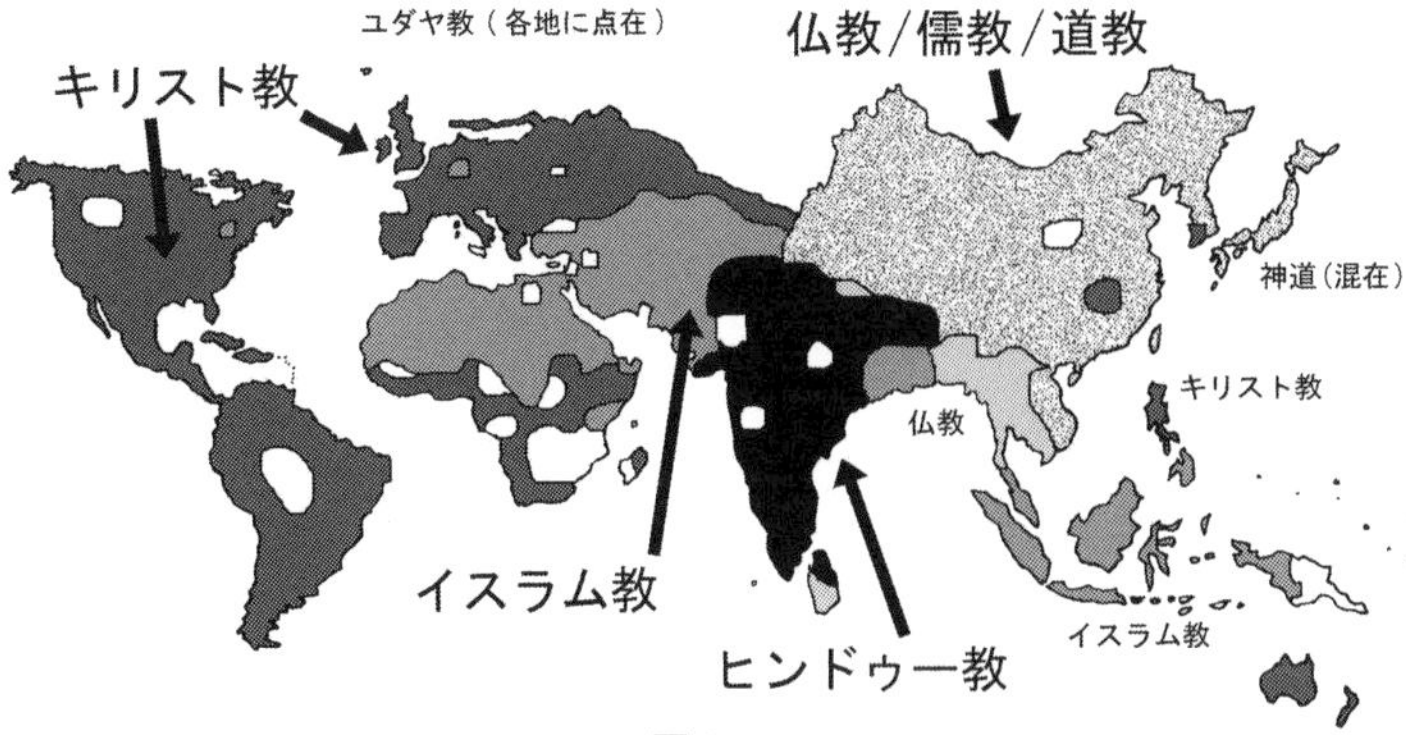

図3

もちろん、アメリカやヨーロッパでも最近は世界中から多様な民族が集まっていますから「宗教混合地帯」の様相を呈してきています。しかし東アジアの場合は、またそういうのとも違うみたいです。というのは、ヨーロッパにいるキリスト教徒とユダヤ教徒とイスラム教徒とは、それぞれ違う信仰をもったまま並存して暮らしているのであって、一人の人間が同時にキリスト教徒だったりユダヤ教徒だったりイスラム教徒だったりするわけではありません。ところが、東アジアでは、たいがい一人の人間が仏教・儒教・道教に由来する教えや儀礼をチャンポンにして受け入れています。節操がないのではなくて、東アジア人はもともとそういう感じで生きてきたのです。

このあたりの問題はあとの章で詳しくお話ししますが、どうも東アジアあたりの宗教のあり方というのは、ヨーロッパや中近東やインドあたりの宗教のあり方とちょっと異なっているようです。じつを言うと、キリスト教徒にとっての「宗教」と、イスラム教徒にとっての「宗教」と、ヒンドゥー教徒にとっての「宗教」にも微妙な違いがあります。このことを頭に入れておいてください。

最後にちょっと注目しておいてほしいのですが、東南アジアというのが、仏教あり(タイなど)、イスラム教あり(インドネシアなど)、キリスト教あり(フィリピンなど)と、「宗教のデパート」の観を呈していることです。東南アジアはASEANという連合をつくっているばかりでなく、生活様式にさまざまな共通項を有する小世界です。しかし言語的にも、文化的にも、宗教的にも、かなりの多様性がある。これに比べると、ヨーロッパやアメリカはわりに単調な世界だなという印象を受けます。

色分け地図の問題点

さて、こうやって世界を大宗教によって色分けしてみたのは、ほかでもありません、たいていの地図帳にこのような色分け地図が載っているから、その図面上の特徴をわかりやすく説明したまでです。

ある意味で、こういう色分けというのは、これまたある種の先入観を呼びおこすものであって、危険なものでもあります。同じ色で塗られていると、どの国、どの地域でも一枚岩的に同一の信念、同一のイデオロギーをもって人びとが暮らしているものと想像しがちです。

北アフリカの西端モロッコから東南アジアのインドネシアまで同じく「イスラム教」の色に塗ってしまうと、そのなかにある無限の多様性というのを忘れがちになります。たとえば、旧ユーゴスラビア南部に「モスレム人」という民族が住んでいますが、これはその名のとおりイスラム教徒(ムスリム、モスレム)です。しかし、この人たちは伝統的なイスラムの戒律をかならずしも守っていないんだそうです。周囲のキリスト教徒と生活様式をともにしているわけですね。しかし地図上で「イスラム教」の色が塗られ、名前まで「モスレム人」と命名されていれば（命名したのはユーゴスラビアの共産政権です）、サウジアラビアのイスラム教徒と同じような生活をしているものと勘違いされてしまうかもしれません。

イスラム文化圏であるインドネシアのジャワ島の村々では、伝統行事としてワヤンと呼ばれる影絵芝居が上演されます。その演目はインド伝来の叙事詩であるラーマーヤナやマハーバーラタなどです。私たちはラーマーヤナやマハーバーラタというのはヒンドゥー教の神話だと思っているのですが、ワヤンの演者はイスラムの教えを絡めながら物語を進めていくのだそうです。なかなか絶妙な文化がここに展開していることがわかります。

「仏教圏」だって似たようなものです。日本もタイもチベットもスリランカもみな「仏教国」に塗られていても、日本人の生活がスリランカ人の生活とシンクロしているわけではないでしょう？　スリランカのことはスリランカのこと、日本のことは日本のことで、べつに宗教的な連帯意識があるわけではありません。

あるいはまた、欧米人などは、中国や韓国を「儒教国」として紹介し、日本を「神道国」として紹介した本を読んだりすると、日本と両国のあいだにはキリスト教とイスラム教との違いに似たギャップがあるものと勘違いするかもしれません。でも、それは早とちりです。

地図というのは便利なものですが、あくまでも一個の資料にすぎません。そしてそれはお役所が発表する白書のようなもので、実態をどこまで的確に表現しているのか怪しいものです。地図上にプロットされた宗教の違いというのを頭に入れて世界のニュースに目を通すのは大事なことですが、これでその土地の現実がわかると思うと大間違いであることも忘れてはならないでしょう。

4 ひとつの物語——ユダヤ教の伝承から

さて、世界中の代表的な宗教としてキリスト教、ユダヤ教、イスラム教、ヒンドゥー教、仏教、儒教、道教、神道などが挙げられることを、高校の地図帳で確認しました。また、こういう色分けをあまり機械的に考えてもよくない、ということも説明しました。

宗教の実態は思いのほか多様なのだ、ということを頭の隅に置いておいて、つぎに、主だった宗教の歴史をざっと見ていきたいと思います。というわけで、お待たせしました。いよいよ世界宗教ツアーの始まりです。話は単純化いたします。要点だと私が思うものをかいつまんでご説明します。

最初に何を取り上げましょうか？　仏教？　キリスト教？　でも、話の都合上ユダヤ教のケースから説きおこしていこうかと思います。

なぜユダヤ教から説明を始めるのかと申しますと、これがキリスト教、イスラム教という西側の大宗教の源流をなす宗教だからです。信者数から言えば小さな宗教ですが、他への波及という点では非常に重要な伝統です。源流ですから、キリスト教よりも、イスラム教よりもずっと古い歴史をもっています。

どのくらい古いかと言いますと、吉村作治先生のピラミッド学でおなじみの古代エジプト王朝に匹敵するくらいの古さです。あるいはユーフラテス川沿いにあった「バベルの塔」と同じくらい古い。

しかし、ユダヤ教を最初に取り上げる理由は、古いこと、西洋の諸宗教の源流をなしていることばかりではありません。ユダヤ教はコンパクトにまとまった伝統ですので、さまざまな宗教について考えるさいのモデルとしてちょっと便利なところがあるのです。ですから、ユダヤ教に含まれるあるひとつの物語をざっと眺めたあとで、これがどういう意味で私たちの宗教ツアーにとってのモデルケースとなるのかを考えてみることにします。

集団形成の物語

紀元前二〇〇〇年～一〇〇〇年くらいのあいだに、地中海東岸に、「ヘブライ人（ヘブル人）」なる民族が登場しました。砂漠地帯から（今日で言うイスラエルからシリアやイラクにかけての）沃野に現れた半遊牧民です。「ヘブライ人」は今日の「ユダヤ人」あるいは「イスラエル人」のご先祖にあたります。

このヘブライ人という民族が実際どのような経過で誕生したのか、その歴史的・考古学的経緯は詮索してもたいして意味はないでしょう。なにせ昔々の話です。朝鮮半島から渡来したとか北方から来たとか、縄文と弥生が混ざったとかなんとかいう日本人の起源と同様、「古代史のロマン」をかきたてる話題ですが、今の私たちには関係がないと申さねばなりません。

当事者たちの自覚から申しますならば、ヘブライ人のヘブライ人たるゆえんは、「ヤハウェ」という神の戒律を守る宗教連合に加盟しているという点にあります。「ヤハウェ信じる者この指とまれ」と声をかけて、その指にとまった人たちが「ヘブライ人」だ、というような具合です。その指にとまらなかった人たちは他民族です。それは「日本国憲法」の約束に縛られるのが「日本国民」で、それに縛られないのが日本国民以外、つまり外国人であるのと同じようなものだと言えるかもしれません。

ヤハウェはエホバとも書かれます。ヤハウェもエホバ（イェホウァ）も同じ名前の別読みです。

このヤハウェという神様の信仰が始まったいきさつについては、ひとつの有名な物語があります。ヘブライ・ユダヤ人たちは――そして彼らの物語を受け継いだキリスト教徒たちも――つぎのような伝承をもっています。

むかしむかし、ヘブライ人の一派がエジプトで移民労働者としてこき使われていた時代がありました。エジプトといえば当時の大先進国です。なんせピラミッドのような高層建築を建てる技術をもった国です。そんな国でヘブライ人の一派は建設労働に駆り出されていた。３Ｋ（キケン、キツイ、キタナイ）の強制労働です。

これはたまらんということになって、モーセという名の英雄の指揮のもとに、ヘブライ人はすたこらエジプトを逃げ出しました。逃げ出したなんて聞こえの悪いものではありません。エジプト軍を出し抜いてやったのです。逃げるさいに「紅海」の海水をずぱーっと断ち切って横断したことになっています。もっとも、「紅海」というのはもともとの伝承「葦の海（湖）」の誤訳だとのことです。葦が生えている海というのがどこのことかよくわかりませんが、スエズ運河周辺の潟湖のようなところかもしれません。干潮時の潟湖をすたすた逃げたというのなら合理的に納得がいきますね。（しかし、私としてはチャールトン・ヘストンがモーセを演じるハリウッド映画『十戒』のように、大きな海が真っ二つに割れて、そのなかを健気なヘブライ人たちが頑張って逃げて、エジプトの軍馬は海にどぼーんと呑み込まれたというほうが気が利いていると思います。）

エジプトを抜け出したこのヘブライ人の一派は、シナイ半島南部の山まで行って、モーセの指導のもと、山の神様であるヤハウェとの契約に入ります。つまり、お山でモーセが神様ヤハウェから「モーセの十戒」と呼ばれる契約を授かって、それを民衆に示して、みんなの合意を得たというのです。

みんな神様のおかげで無事逃げられたんだ！　この神様の戒めは絶対に守るようにしよう！　エイエイオー！　みんな仲間だ！

……と叫んだという話は伝わっていませんが、とりあえずそのようなノリでイメージしておいてください。

さて、このあと彼らは今のパレスチナの一帯に入り込んで、他の部派と合流したり、他の民族と戦争したりして、すったもんだらの末に、いつのまにか一個のヘブライ人共同体として国家を創るようになったのであると。つまり、ヤハウェの戒律を守る者どうしの宗教連合としてのヘブライ人国家が誕生したのであると。

以上が、なんでヤハウェを奉じるヘブライ人という民族が誕生したのか、ヘブライ人（ユダヤ人）自身が語り継いだ物語です。そして彼らは、紀元前一〇〇〇年ころに、ダヴィデ王、ソロモン王を戴く立派な国家を創って繁栄しました。めでたし、めでたし――。

しかし、現実の歴史はめでたし、めでたし、では終わりませんでした。だいたい人間の国の栄華というのは続かないものです。ヘブライ人の国家もそうでした。

じつを言えばこの国家が繁栄したのも、たまたま周辺の大国（エジプトなど）の国力が衰えていた時期だったからにすぎなかったのです。ですから、周辺の国がまた強大化してくると、相対的に小さな共同体にすぎないヘブライ人国家などは風前のともし火です。

結局、この地はアッシリアとバビロニアという、今のイラクあたりを本拠とした大国に席巻され、民は四散し、エリートたちは敵の首都（バビロン）に軟禁されます。この「バビロン捕囚」から解放されたのち、ヘブライ人たちはふたたび今のイスラエルの地に神殿を築いたりしてまとまって暮らすようになりましたが、外国の支配から脱することは結局できませんでした。ペルシャやらギリシャやらの諸勢力に支配されたのち、イエス・キリスト誕生のころ（つまり紀元ゼロ年ごろ）にはローマの支配下におさまっていました。あわれ、ヘブライ人たちは亡国の民となりました。

信仰のヴァージョンアップ

さて、こんな過酷な状況にあって、ヘブライ人（というか、この時代以降はユダヤ人と呼ぶのがふつう）の精神生活はどうなったでしょうか？　せっかくヤハウェを信仰していたのに、いま述べたように、民族としてさんざんな目にあったのです。「もう信仰は棄てました」と思うようになっていたでしょうか？

もちろんそんな意見の人もいたでしょう。しかし、主流派はこのヤハウェ信仰をレベルアップ、ヴァージョンアップしていきました。信仰を棄てるのではなく、「深めて」いったのですね。

つまり、「なんでヤハウェは自分たちを守ってくれなかったのか?」と恨むのではなく、「きっとわしらに至らないところがあったから、ヤハウェが戒めたんじゃ。では、わしらの至らないところとはどんなところだろう」と健気に考えたのです。人間というのは、逆境に陥ったからといって、もともとの生活習慣や信念体系をぽいっと棄てたりするとはかぎりません。そんなふうに習慣や思想を使い捨てる人が半分だとしますと、使い捨てないでヴァージョンアップする、つまり倫理的に反省する人が半分います。

では、ヘブライ人たちの「至らないところ」って何だったのでしょう?

反省してみれば、思いあたるフシというものはあるものです。出エジプトの物語が示すように、ヘブライ人の出自は砂漠を出入りする半遊牧民です。遊牧民というのは質素ながらも機能的に暮らすものですし、たがいの関係も基本的に平等です。原始的な「自由・平等・博愛」の世界です。しかし、いったん地べたに貼りついて農耕生活を始めると、生活が豊かになる一方で経済的不平等が生じはじめます。地主階級が成長しだし、貧富の差も大きくなる。砂漠の山の神であるヤハウェの信仰も、周辺の諸民族の宗教行事に押されて、だんだん「不純」なものになっていく。みんな原始の戒律を守らなくなっていく。文明の進歩とはそういうものでしょう。

こういう状況をつぶさに観察して、このような堕落はいけない、と警告する気難しい人たちが何人も出現しました。彼らを「預言者」と呼びます。預言者というのは、何年何月に疫病が流行るだろうとか、宇宙人が降りて来るだろうとか、芸能人が離婚するだろうとかと予言する人のことではありません。神様（ヘブライ人の場合はヤハウェ）の言を預かった人ということで、一種の道徳的なご託宣を述べる人のことを預言者と言います。

もっとも、彼らは、世の中には不正が満ちている、こんな不正がまかり通るはずがない、今によくないことが起こる、と暗い未来のことを予言したりもするわけですから、予言者と書いてべつに間違いじゃありません。

さて、この預言者（イザヤとかエゼキエルとかアモスとか何人かの名前が知られています）は、いま言ったように、暗いことを言う人たちであった。しかし暗いことを言う人たちは倫理性の高いことも言う人たちです。形骸を超越したところにある精神、正義、愛といったことを掘り下げていく。ヤハウェ信仰もだんだん深みが増してきました。

ここで、ちょっと一言。

私は、「人びとの堕落した状況をつぶさに見た道徳家たちが、こうした状況に憤りを感じて、暗くて深いことを（神様の言葉として）語るようになった」という因果関係で話を進めてまいりました。しかし、「信じる」者の側からすれば、このような説明は主客が転倒しています。

信仰者に言わせれば、人間が観察したり反省したりしたのではなくて、神様が教え諭してくれたのです。つまり、そもそも最初に、神があって、神の正義があって、神の愛があった。それに対してへそまがりの人間が離反して、堕落して、世の中をおかしくしたのであると。だから、今、預言者の口を借りて神様が「本来の人の道」を告げたのだ、ということになります。

このように、物事を人間社会の側から組み立てて眺めるのではなく、神様の側から見ていく、というのが宗教的発想なのかもしれません。

さて、国を失ったヘブライ人たちは、国家や国家の栄華を離れたところで、ヤハウェの戒律と、それをめぐる預言者たちの深い言葉（の伝承）とをともし火として共同生活を送るようになりました。そのように生活が組織されるようになった。ヤハウェ信仰は「ユダヤ教」と呼ぶべきかたちを得たのです。

これ以降ずっと、ユダヤ人は国家なき民族です。そしてシナゴーグと呼ばれる会堂に集まって、ヤハウェの戒律や預言者の言葉を記したたくさんの文書（「聖書」）を学習し、またそれらの記述に基づくさまざまな儀式を行なうことを生活の中心に据えたライフスタイルを保持します。その歴史が二〇〇〇年も続くのです。*

* ユダヤ教の基本用語を解説します。トーラーはいわゆる旧約聖書のことです。あるいは旧約聖書冒頭の創世記や出エジプト記を含む五つの文書のことです。それらの文書は律法とも呼ばれます。戒律のことです。律法を解釈し、ユダヤ人共同体を指導する人たちがラビです。昔のラビの律法解釈を集めたものがタルムード。共同体の礼拝施設がシナゴーグ。ユダヤ人は世界中に離散して暮らしていましたが、ヨーロッパでは長らく迫害を受けていました。そこで近代になって現在のパレスチナの地にユダヤ国家を創ろうという運動が起こりました。これをシオニズムといいます。そうして現在のイスラエル国が誕生しました。

しかしそれはパレスチナに暮らすアラブ人との衝突を生みました。この紛争をめぐっては、今もなお解決の目途がたっていません。

5

もう一回考える——共同体・戒律・神・神話・儀礼

以上、ユダヤ教の「出エジプト」という物語にまつわる要素を眺めてまいりました。ユダヤ教徒の方や聖書に詳しいキリスト教徒の方がこれを読まれたらご不満に思われるかもしれません。調子がふざけているし、内容も浅いでしょう。しかし、この本はあくまでもわかりやすく説明することを目的としています。その涙ぐましい努力なんだということで、平にご容赦を!

他方、宗教というものにご縁のなかった方々には、いったいこんな話の何が有難いのか、ピンとこなかったかもしれません。ユダヤ人の古代の宗教の歴史はわかったけれども、「だから何なのか」よくわからない、とおっしゃるかもしれません。

そこで、この節では、いまお話しした古代ユダヤ教の話のなかに、今日の私たちの世界に通ずる要素がないか、探してみることにします。私たちが知っている世界との関連がわかれば、少しは興味が増すかもしれませんから。

集団のオキテ

古代のヘブライ人はヤハウェという神様の旗印のもとに結束していました。ヤハウェの戒律を守る者どうしの連盟として「ヘブライ民族」が成立していたのです。これは日本国憲法を守る者どうしの連盟として「日本国民」が成立しているのと似ていると、先に申しました。

何かのオキテを守る者どうしの集まりとしてグループが形成されているというのはよくあることです。暴走族だって、何か盟約書をもっているかもしれません。会社と個人の間には「契約書」があります。雇用契約にサインして、個人はその会社のメンバーとなります。社員は契約を守らなければなりません。

同様に、ヤハウェとヘブライ人との関係は「契約」だと言われます。* 宗教というものを契約の一種として説明するのは、日本人にとっては珍しいことかもしれません。しかし、「一族には掟がある」というふうに説明すると――この「一族」が「宗教集団」にあたるわけですが――おわかりいただけると思います。

* 「旧約聖書」「新約聖書」の「約」の字は「契約・約束」を意味します。聖書という契約書には新旧の二通がある。これはユダヤ人から聖書を受け継いだキリスト教徒の解釈によるものです。

ヤハウェの連盟を、今日の宗教団体や盟約で結ばれたさまざまな人びとの集まりのモデルとして理解することができます。たとえば創価学会は法華経というものを一種の盟約とする人びとの集まりだ、と、とりあえず理解することができるでしょう（法華経を信じる集団は創価学会に限りませんが）。

もっと大規模な例では、アメリカ合衆国という国家は、「独立宣言」という宗教的な文書のもとで結成された巨大な「宗教団体」とでも言える性格をもっています。なぜ独立宣言文が宗教的かと言いますと、本文中にこんなことが書かれているからです。

> われわれは、自明の真理として、すべての人は平等に造られ、造物主によって、一定の奪いがたい天賦の権利を付与され、そのなかに生命、自由および幸福の追求の含まれることを信ずる。（……）この宣言の支持のためにわれわれは聖なる摂理の保護に信頼しつつ、相ともに、われらの生命財産および名誉を捧げることを誓う。（岩波文庫『人権宣言集』）*

＊「独立宣言」は、英国の植民地であるアメリカの人民がいかに英国王に人権を踏みにじられてきたか、恨みつらみを書きつらね、アメリカが英国から独立するのは理の当然だ、造物主から与えられた当然の権利だ、と宣言したものです。

傍点は私が打ったものですが、こういった言葉遣いのなかに宗教っぽさが現れています。「造物主（クリエーター）」とはカミサマのこと。「聖なる摂理（デヴァイン・プロヴィデンス）」というのはカミサマのやり方ということです。

アメリカ人は生真面目なところがあり、この独立宣言文にある「造物主」や「聖なる摂理」をわりに文字どおりに信じている人がけっこういると思われます。実際、アメリカ市民の国民としての宗教的意識を指して「アメリカ市民宗教」というものが存在すると主張する人もあるくらいです。

あらためて考えてみますと、明治維新によって誕生した近代国家としての日本も、これに似た言葉をもっています。福沢諭吉が『学問ノススメ』に書いた「天は人の上に人を造らず、人の下に人を造らず」です。「天」ってところが宗教っぽくありませんか？　これは国家の文書ではありませんが、中学や高校の教科書にさかんに引用されているのですから、かなり国家・社会的な意味をもった文章だと言えそうです。

もっともこの「天」はカミサマというよりも、やや宗教色を抜いた自然法則的なものかもしれません。そのへんのところは曖昧です。しかし、いずれにせよ、国家造りのような、大きなことをやらかすさいに、少なくとも昔の人は造物主や天を持ち出さずにはいられなかったことがわかります。漠然としたものではありますが、アメリカ国民も、日本国民も、形のうえでは、ちょっと宗教盟約に近いものをもっていることを覚えておいてよいかと思います。

法律＝道徳＝戒律

ヘブライ人はヤハウェとの契約のもとで一致団結しました。契約書の中身はいろいろな約束事です。それには生活上のさまざまな規則が含まれていました。有名なのは「モーセの十戒」ですね。「偶像を作ってはいけない（つまり人間が作ったものをカミサマだと思ってはいけない）」とか「父母を敬え」とか「殺人をしてはいけない」とか「泥棒はいけない」とかと言われています。*

＊　十個すべてを挙げておきましょう。（一）あなた（契約の相手）にはヤハウェ以外の神があってはいけない。（二）偶像製作をするな。（三）神の名をみだりに唱えるな。（四）安息日（一週間に一度、まる一日何も行動しない日）を守れ。（五）父母を敬え。（六）殺すな。（七）姦淫するな。（八）盗むな。（九）隣人に対して偽証するな。（十）隣人の持ち物を欲するな。

しかし、ヤハウェの命令としてまとめられたものにもいろいろあり、けっこう細かいことまで規定されています。「雇い人の労賃の支払いを翌朝まで延ばしてはならない」とか「不正な物差し、秤、枡を用いてはならない」とか「(貧しい同胞から)利子も利息も取ってはならない」とか納得のいくものもありますが、「もみあげをそり落としたり、ひげの両端をそってはならない」とか「二種の糸で織った衣服を身に着けてはならない」とか、部外者には何のこっちゃかわからない規定もあります。

こういう細かい規定は、一言でいえば生活上のルールです。道徳のようなものでもあり、また法律のようなものでもあります。現代社会では法律と道徳(そして宗教的な戒め)は別個のものですが、ヘブライ人の世界ではいっしょくたでした。日本のどの法律にも「父母を敬え」とは書いてありません。泥棒や万引きや詐欺行為をしたら法律で罰せられますが「万引きはいけません」とか「嘘つきは泥棒の始まりです」とかと書いた法律はどうやらないようです。まして「泥棒をしたら地獄に落ちて閻魔様のお裁きを受けます」といったような「宗教」的な話は、現代の法律の世界には無縁です。

そういう意味では、ヘブライ人の法律＝道徳＝戒律の世界は、今日とは異質な世界です。

しかし、よく考えてみると、現代社会においても、法律と道徳・宗教とはどこかでつながっています。泥棒は法律違反であるばかりでなく、道徳的にもいけないことです。だから、裁判官も泥棒を裁くときに、「被告には今もって反省の色がない。情状酌量の余地はない」といったような説教っぽい話をします。

また、そもそも法律は、サッカーやチェスといったゲームのルールのようなものとして、したがって別のルールに変えても全然かまわないようなものとして制定されるものではありません。やっぱり道義的にいけないこと、よいことは何かを考えて制定するものです。たとえばクローン人間造りはいいか悪いか法的に決めようなんてことになると、そもそも人間とは何ぞや、生命とは何ぞや、といった、私たちが宗教的とも考える重大な領域にまで想像力を駆使しなければならなくなります。

古代ヘブライ人の戒律の世界は私たちには異質なものですが、それでも私たちの社会のルールを織りなす法律、道徳、宗教の相互にからみあう次元を暗示するものとして興味深いものがあるのではないでしょうか？

人間VS神

さて、現代人にいちばんわかりにくいのが、何といっても神「ヤハウェ」です。この神様は、モーセとその民が「紅海」横断後に滞在したシナイ半島の山の神だったとも言われます。古代ヘブライ人にとっては、この神様が唯一の神であった。「唯一の神」と言っても、「全世界の唯一の神」であるのか「自分たちにとっての唯一の神」であるのかで話は変わりますが、そのあたりは解釈次第ですから、いまは詮索しなくてもよろしいでしょう。

世俗的現代人にとってピンとこないのは、「ルールは神様が決めたことだ」とする、この「宗教」的発想かと思われます。

ルールは人間が決めたことじゃないのか？　そう私たちは考えます。

映画の『十戒』では、シナイの山中で、中空にいらっしゃる目に見えぬ神からつぎつぎと火の玉が飛んできてモーセの抱える石版に燃える文字で十戒を刻んでいきます。ヘブライ人の聖典（トーラーすなわち旧約聖書）にも「モーセが身を翻して山を下るとき、二枚の掟の板が彼の手にあり、板には文字が書かれていた。その両面に、表にも裏にも文字が書かれていた。その板は神御自身が作られ、筆跡も神御自身のものであり、板に彫り刻まれていた」とあります。

ルールの文字が天から飛んできてルールブックができあがった——。

この「ルールは神様が決めたことだ」という思想は、私たちにとってまったく異質なもののように思われます。しかし、ほんとうにそうでしょうか？　この点について考えてみましょう。

まず第一点。

「ルールは神様が決めたことだ」の逆は「ルールは人間が決めたことだ」です。後者は常識的な見方です。しかし、よく考えてみれば、この「人間」の意味が定かではありません。たとえば、私は日本人として日本国憲法や日本の法律に縛られていますが、私個人が憲法や法律を決めた記憶はありません。六法には膨大な量の法律がありますが、ほとんどの法律は私が生まれる前にすでにあったものであり、すべての法律は私の積極的関与なしに成立しています。もちろん私は有権者として政治家に投票しており、その政治家が法律を作成しているのですから、建て前上は、私も法律製作にほんのちょっぴりかかわっていることにはなりますけど。でもほんのちょっぴりですね。

法律にかぎらず、社会というのは無数のルールで成り立っているものですが、そうしたルールはすべて人工的なものだと言うことができる一方で、誰であれ、そうしたルールを「私が作りました」と胸を張って言える者はいません。

日本語のような「言語」もそうです。言語は単語と文法で成り立っています。文法はルールで、単語はルールにしたがって動くコマです。私は日本語を話しており、ひとつひとつの言葉を「自分の言葉」として語っていますが、ルールとコマとしての日本語は私の発明品ではありません。誰の発明品でもない。人間が話しているのだから人間が作ったものでしょうけど、どの日本人をとっても、「私が日本語を発明しました」という人はいない。強いて言えばイザナギ・イザナミの神々が発明したのかもしれない。

そういう意味では、社会を構成しているルールには、私でもない、あなたでもない、彼でもない、彼女でもない、完全な第三者、つまり「神様」の手が入っている、と言ってかまわないような側面があるわけです。

第二点。

人間が決めることが同時に神様が決めることでもある、というのは、たとえばこんな場面にもあることです。会社で企画会議を開いたのだが、どうにも意見がまとまらない。A案、B案ともに一長一短で誰にもどっちがいいと結論をくだすことができない。そこでボスにお伺いをたててみたら、ボスは「A案がいい」と言った。それで決まり。

この場合、社員どうしはどんぐりの背比べです。たがいにたがいの顔を見やるばかりで決定的なことは何もできません。しかしボスはランクが一つ上で、このお方が「Aがいい」と言ったらAに決まる。それが「天の声」です。太平洋戦争を終わらせた天皇の声のようなものです。

もちろん、ボスは人間です。神様でも天でもない。しかし、個々の社員にとって、ボスの決定は

「天の声」として機能する。それは社員たちがボスを偶像崇拝しているという意味ではありません。ボスは職責上、経歴上、経験上、能力上、人脈上、ヒラ社員よりも格が上です。そうした立場ゆえにボスには「天の声」の役割を演じることができるのです。

ここで私が言いたいのは、「人間が決めること」VS「神が決めること」というふうに単純な二分法では事がすまないということです。「人間が決める」といっても、個々の人間の知見の単純な足し合わせだけでは物事は決まりません。つまり人間社会の約束事も個々の決断も、個人の能力の総和を超えたところがあるのです。

「人間が決める」のなかには「神が決める」のモーメントがちょっとずつでも働いていると言えそうです。そして人間の権威のなかにはわずかずつでも神様の権威の影のようなものを認めることができるわけです。

この神様の権威が「絶対」化し、それによって社会の戒律が「絶対」化しているのがヘブライ人の世界であると考えればいいのかもしれません。世俗的現代人はなかなか「絶対」ということを語りません。逆に「絶対」という言葉を語るときには信仰者の発想に似てくると言えます。

あなたは「絶対にこうだ」と口走ったことはありませんか？ 証拠もないのに内心確信している事柄はありませんか？ この「絶対」の意味については、これからも少しずつ取り上げていくことにします。

ヘブライ人はエジプトでひどい目にあったので、英雄モーセに連れられてすたこら逃げ出し、シナイの山で神様と契約を結び、そして現在のパレスチナの地に入り込んで定住した——古代ヘブライ人の物語はこのようなものでした。

この物語の背景には何らかの歴史的事実があるのかもしれませんが、全体的には「神話」めいたストーリーとなっています。この神話は後世のユダヤ人のみならず、ユダヤ人の聖典（旧約聖書）を受け継いだキリスト教徒にも非常に大きな影響を与えました。

たとえば、アメリカ人（合衆国市民）は自分たちの「建国神話」を一部この物語に重ねています。アメリカというのは、ヨーロッパで食いっぱぐれ、すたこら逃げ出して新天地で一旗挙げた者たちの集まりです。ヨーロッパを抜け出した人間のなかにはさまざまな人たちがいたでしょうし、もっぱら金銭的な動機から移住した人たちも大勢いたはずです。しかし、移民の中核的な部分に、宗教的な動機で大西洋を横断した人びとがありました。たとえば「ピルグリム・ファーザーズ」と呼ばれるピューリタンです。彼らは旧大陸では自分たちの純粋な信仰を追求できなかったので、メイフラワー号と呼ばれる船にのって、大西洋を横断し、マサチューセッツ（ボストンのあたり）にやって来た。そこで、自分たちの信仰上の盟約を新たにし、理想の共同体をつくるために開拓に励んだのです。

彼らの経験したことは、「迫害」⇒「海の横断による新天地への移住」⇒「宗教的盟約による新共同体の結成」という点で、古代ヘブライ人の「出エジプト」のパターンと似ています。アメリカ人は——とくに信仰に熱心な人は——かなりこのことを意識しています。自分たちこそが現代のイスラエル人なのだ、と彼らは胸を張ります。

もちろん、この「出エジプト」の神話にインスピレーションを受けているのはアメリカ人にかぎりません。世界中のキリスト教徒が、何か新天地を求めて移動するたびに、この神話を思い出しています。人の心を揺さぶる力強い何かがあるということでしょう。

この神話には、自分たちの共同体の理想の原点を思いおこさせるという効能があります。それはめでたいことですが、どんなものにも負の側面というのがあるもので、この神話の場合、自分たち以外の人間を「迫害者」あるいは「異教徒」として蔑む・憎むように仕向けるという心理的効果がありまず。ヘブライ人はエジプトを抜け出しました。エジプト人は悪い迫害者です。また、ヘブライ人は新天地（カナンと言いますが、現在のイスラエルあるいはパレスチナの地です）に侵入しました。この土地には先住民族がいたのですが、ヘブライ人は彼らを悪者扱いして殺戮しています。

一般的に言って、何かすばらしいことをやる、何か新しい段階に突入するというときは、自分たちの試みを褒め称えるばかりでなく、他人のやっていることを蔑むという構図になりがちなものです。「私どものやっていることは抜群に優れていますが、いや、みなさま方のやっていることもなかなか立派なもんです」なんてふうに言うのは、八方美人か下心あるセールスマンだけです。政府や社会の構造改革でも何でもいいのですが、何か革新的なことを推進する人びとは、「反動勢力」や「抵抗勢力」を鬼か蛇でもあるかのように言いふらします。

こうした善悪の振り分けは、度を越すと病理的です。アメリカのキリスト教徒のなかにも、自分たちだけが正しく、自分たち以外の人間はみな悪魔の餌食だと考えている人たちがいます。それがどこまで本気か、口先だけのレトリックかはわかりませんけれども。

儀礼的反復

さて、これまで「集団の盟約」「戒律」「神」「神話」という側面から古代ヘブライ人の宗教について眺めてまいりました。最後に「儀礼」という点に目を向けてみたいと思います。

今も昔もユダヤ人にとってきわめて大事なのは儀礼です。儀礼というのは、同じ行動を様式にしたがって反復することです。ただ、スポーツ選手のトレーニングの場合はふつう「儀礼」とは言いません。毎朝神棚に向かってパンパンと手を打つのも、毎晩ジムに行ってウェイトトレーニングをするのも「同じ行動を様式にしたがって反復すること」ですが、前者は「儀礼」だが後者は「儀礼」ではないと思われています。なぜなら、後者の場合は「筋力をつける」という明白な目的があるからです。ジムに通う人は、筋力をつけるために反復しているのであって、反復のために反復しているのではない。また、筋力をつけるのにふさわしい様式にしたがって行動しているのであって、様式を絶対視しているから様式を遵守しているのではない。

神棚に向かって毎朝パンパンと手を打つのは、もちろん手のひらの筋力アップのためにやっているのではないでしょう。何のためにそんなことをしているのか、やっている本人だってわからないかもしれません。「神様に感謝するため」というような目的もありそうですが、この「神様」というのは腕や脚の筋肉のように目に見えるものではありません。礼拝の目的は目に見えない。筋トレの目的は目に見える。だから、「礼拝」と「筋トレ」とはやはり異なるカテゴリーのものだと考えられているのです。

しかし、見ようによっては、礼拝と筋トレはかなり近いものです。礼拝というのは、神様と自分との契約関係を強化するためにやるのだ、とも言える。礼拝を続けていれば、心が鍛錬されて謙虚な人になるかもしれない。だとすれば目に見える効果があります。契約の強化、あるいは心の鍛錬だと考えれば、筋トレに似てきますね。

また、筋トレをやるのは明白な目的があるとは言っても、はた目にはその「目的」はよくわからないものです。腹が出てきた中年男が脂肪を落とすためにやる、というのではあればわかりやすいでしょう。スポーツの選手が職業的な必要でやるのも当然わかります。若者がとにかくエネルギーを発散させるためにやるというのもわかります。しかし、スポーツジムに行く人のなかには、なんだかわからないが無闇やたらと体力づくりを有難いと思ってやっている人たちがいます。「健康宗教」なんて悪口を言われるゆえんです。

結局、礼拝と筋トレとの違いは絶対的なものではなく、程度の問題だと言えそうです。目的がなんとなくわかりにくいのが宗教儀礼で、目的がわかりやすいのがトレーニングです。

さて、ユダヤ人にとって儀礼が大事だということは、ユダヤ人はいつも心の筋トレをやっているということです。一人でやるのではありません。シナゴーグと呼ばれる会堂に行って、「出エジプト」を含む自分たちの祖先の歴史や、神様の戒律や、預言者たちの説教が身につくように訓練するのです。それにはたんなる「勉強」だけでなく、身体的な動作を伴った儀礼的反復が含まれています。「聖書を読誦する」というのも、たんなる頭だけの理解や暗記の問題ではなく、身体的なトレーニングの要素をもっています。そのようにしてユダヤ人たちは古代からの伝承を今日まで受け継いできました。

そもそも人間というのは、反復によって学んでいくものです。英会話の練習と同じです。そして反復は精神だけではできない。かならず身体的動作を伴います。幼稚園の園児がお遊戯を通じて勉強していくように、教会のゴスペラーたちは歌い踊りながら、キリスト教の教えを伝承していきます。身体的反復というのが、宗教にとってもきわめて重要な要素であることがおわかりいただけるかと思います。

6　二大宗教の拡大——キリスト教とイスラム教

紀元前の世界

ユダヤ教というのは小さな宗教です。ユダヤ教徒（ユダヤ人）の総数は日本人の総数の十分の一くらいでしょうか。このユダヤ人の共同体が全世界に散らばっています。

この小規模な宗教共同体が、キリスト教、イスラム教という西側世界を二分する二大宗教の母体となったのです。これはなんとも不思議な現象のように感じられます。

先ほどお話しした古代ヘブライ人の物語は、すべて紀元前に起きた話です。その当時、まだどこにもクリスチャンもムスリム（イスラム教徒）もいませんでした。では、みんな何を信じていたのかと言いますと、たとえばエジプト人は太陽神ラーや、オシリス、ホルスなどの男神、イシスなどの女神を信じていました。彼らが王の墓だと考えられているピラミッドや神殿など巨大宗教建築を遺したことはみんなが知っている話です。西アジアでは、太陽神シャマシュ、月神シン、大地母神イシュタルなどが信じられていました。ここにもジッグラトと呼ばれるピラミッド状の神殿がありました（いわゆる「バベルの塔」はその一つ）。

ペルシャ人はゾロアスター（ツァラトゥストラ）と呼ばれる預言者をもっていました。このゾロアスター教によれば、善神アフラマツダは悪神アングラマンユと闘っています。広大な宇宙における善悪の戦いという神話のモチーフの始まりですね。またマニ教という宗教も生まれましたが、これも善悪の戦いを信じている。

ギリシャ人は父神ゼウス、美神アフロディテ、戦争神アレス、文芸神アポロンなどを信じていました。こうした神々は各地でさまざまな形で土俗的な信仰を集めていましたが、のちに詩人たちがオリュンポスの神々の物語として文学的なストーリーに整理しました。ローマ人は父神ユピテル（英語読みでジュピター）、美神ウェヌス（ヴィーナス）、戦争神マルス（マーズ）などを信じていましたが、これらの神々はギリシャの神々といっしょくたになってしまいます。ローマ人ってのは融通無碍なところがありますね。ゼウスとジュピター、アフロディテとヴィーナスはそれぞれ同じということにされたのです。

おおよそこんな感じで各民族ごとにわいわいがやがややっていた。もちろん「わいわいがやがや」なんて言い方は失礼です。それぞれの民族ごとに、真面目に神話が語られ、真面目に祭儀が行なわれ、真面目に修行が行なわれていたのですから。

ところが、こうした多種多様な信仰が、歴史の経過とともにしだいに失われてゆき、気がついたときには西側世界の広い範囲をキリスト教とイスラム教が覆うようになっていました。いったいどうしてそのようなことが起きたのでしょうか？

宗教トーナメント

古代諸民族の宗教が衰退し、キリスト教やイスラム教に覆われるようになっていた理由を簡単に述べることはできませんが、そのプロセスにおいて、ローマ帝国なるものが果たした役割が大きかったことは確かです。今から二千年前、つまりキリストが生まれた前後の時代というのは、地中海の周辺にローマ共和国（帝国）という巨大な国際国家が成立していた時代です。これはもともとローマ市の有力市民たちがあちこちに戦争を仕掛けてつぎつぎと合併していってできた国家です。権力の頂点にあるのはローマ市民です。他のあちこちの住民は――ギリシャ人でも、ユダヤ人でも、エジプト人でも、アフリカ人でも、ケルト人でも――基本的には「非征服民」あるいは「二級市民」扱いでした。この時代には、地中海全体を一種の「グローバル経済圏」に包み込むほど技術力・交易力が高まっていました。この経済圏を力で支配していたのがローマ人でした。ちょうど今のグローバル化した社会を力づくで引っ張っているのがアメリカ人であるのに似ています。

こうした時代ですから、地中海周辺の諸民族の伝統はすでに弱体化していたのかもしれません。地域伝来の習俗だけではモタなくなってきていた。そのためか、ローマ帝国ではさまざまな宗教ないし新宗教が民族の枠を超えてあちこちで流行するようになりました（ローカルな伝統の衰退した現代世界の状況と似ていますね）。エジプトのイシス神が流行ったこともありますし、ペルシャのミトラという神が流行ったこともあります。ギリシャ・ローマの知識人は、ストア派のような哲学的な教えを守るようになっていました。

こうして、ローマ帝国の精神状況は、いわば「国際宗教勝ち抜きトーナメント戦」の様相を呈するようになりました。で、結局、勝ち残ったのが、キリスト教だったというわけです（そのあとを追いかけてイスラム教も登場します）。キリスト教はユダヤ教から派生した新宗教です。それは急速にエジプト、シリア、小アジア（今のトルコ）、ギリシャに広まっていきました。そしてローマ市にも広がり、やがて帝国全体の主力宗教となりました。そして最後には「国教」のようなものとなったのです。

キリスト教がトーナメントを勝ち抜いたと書きましたが、そのようすは、ほかならぬクリスマスの日付に現れています。キリスト教の立役者イエス・キリストが一二月二五日に生まれたと決められたのは、西暦四世紀の中ごろのことだそうです（つまりイエスの死後三世紀以上たってから誕生日が決定したのです）。一二月二五日に定められる前は、五月だとか一月だとかと言われていました。じゃあなんでこの日になったのかと言いますと、ライバル宗教であるミトラ教のお祭りの日だったので、その裏番組としてぶっつけたと言われています。ミトラというのは太陽神です。太陽にとって冬至というのはもっとも勢力の弱まった日であり、また勢力復活の第一日目です。その冬至を祝ったのが一二月二五日であったというわけです。

さて、ミトラ教その他の流行宗教に勝ち、さまざまな民族宗教を抑え込んで、キリスト教はローマ帝国の「国教」となりました。もっとも、大半の民衆は、キリスト教の教義についてはよく理解していなかったかもしれません。実生活では古い民族的伝統とチャンポンにして信仰していたのかもしれない。神父さんやら修道士さんだけが知っている「正しいキリスト教」を民衆にたえず教え込んでいる必要があっただろうと思われます。それはともかく、皇帝陛下のお墨付きを得たキリスト教は、システムとして安泰な地位を築きました。あとは世界に向けて伸びてゆく一方だと思われていたことでしょう。

ところが、ここにちょっと波乱が生じました。

まず、古ダヌキのように生き延びていたローマ帝国そのものが弱体化し、ついに西半分（今のイタリア、フランス、スペイン、アルジェリアのあたり）が滅亡していまいました。それまで都市文明というものを知らなかった「未開」のゲルマン人がどんどん入り込んで、この地域の文明の度ががくっと落ちてしまいます。帝国がなくなったので、文明はローマの教会（つまりバチカン）が背負うことになりました。ローマ教会は今の西欧地域の宗教面・世俗面にわたるバックボーンとして権力を確立します。

他方、ローマ帝国の東側はその後も千年にわたって存続します。コンスタンチノープル（イスタンブール）を首都とするいわゆる「ビザンツ帝国」です。ビザンツは文明としては延々と栄えつづけるのですが、国力はしだいに弱っていきました。はじめは東欧から中東にかけての広大な地域を版図に納めていましたが、そのうち中東地域は、新たに興ったイスラム教を奉じる新興の諸帝国のものとなりました。これらの地域の住民も、つぎつぎとイスラム教を信じるようになっていきました。

というわけで、地中海世界、つまり旧ローマ帝国の領域は、八世紀ごろまでには、①北西部（今の西欧地域）はローマ教会が支配するキリスト教（ローマ・カトリック）の勢力圏（ここからのちにプロテスタントと呼ばれる一大勢力が分派しました）、②北東部（今の東欧地域）はその他のキリスト教（東方正教）の勢力圏、③東部（中近東）から南部（アフリカ海岸地帯）にかけてはイスラム教の勢力圏ということになったのです。これらの三つの勢力はその後も徐々に領域を広げてゆきました。

なお、新興のイスラム教もまたユダヤ教の親戚筋です。ムハンマド（マホメット）というアラブの預言者が神の啓示を受けて開いた宗教ですが、預言者ムハンマドには、先行するユダヤ教やキリスト教に関する知識がありました。いわばこれらの伝統の最新ヴァージョンを自認して登場したわけです。キリスト教徒はユダヤ教徒にもイスラム教徒にも敵対的傾向が強かったのですが、イスラム教徒は親戚筋の二つの宗教に対して形式上共存の立場を取っていました。ですから、中東地域には、多数派のイスラム教徒社会に混在するようにして、ユダヤ教社会もキリスト教社会も存続しつづけています。

こんなふうにして今日の西側世界の「宗教勢力地図」ができあがりました。昔々は多種多様な民族宗教で占められていた広大な地域が、おおむねキリスト教徒とイスラム教徒（そして少数派のユダヤ教徒）ばかりが占める宗教空間となったのです。西暦紀元前後から西暦七世紀くらいにかけて、西側世界はシステム上の大きな変化を――少なくとも建て前のうえでは――経験したと言えるでしょう。

三兄弟の共通点

ところで、ユダヤ教、キリスト教、イスラム教に共通する特徴とは、いったいどのようなものだったのでしょうか？　そして古代のギリシャ人、ローマ人、ペルシャ人、エジプト人……らの宗教とはどういう点で異なっているのでしょうか？　これについてちょっと整理してみたいと思います。

まず第一点。これら三つの伝統は「一神教」であるという特徴があります。ユダヤ人がヤハウェと呼ばれる神を奉じているということは、すでに申し上げました。ユダヤ人は神のことをエルとかエロヒムとかとも呼んでいますが、教理的にはこれらはみな同じ存在を指していると考えられています。

ユダヤ人がこの神（ヤハウェ／エロヒム）以外の神様を奉じることはありません。ユダヤ教は一神教であると考えてよいでしょう。

イエス・キリストはユダヤ人であり、このユダヤ伝来の唯一神の観念を信じておりました（イエスはこの神を親しく「父」と呼びました）。かくしてイエスに由来するキリスト教は、ユダヤ教から一神教の性格を受け継ぎました。

預言者ムハンマドが民に伝えた宗教、イスラム教は、この太古の昔から続く一神教を純粋な形で再現したものだと信者たちは考えています。とにかく偶像崇拝をしない一神教徒であることが彼らの誇りであるわけです。アッラーというのはアラビア語で端的に「神」のことです。

ですから、ユダヤ人、キリスト教徒、イスラム教徒がたがいに話し合うとき、自分の奉じているカミサマも相手の奉じているカミサマも、ともにたんに「神」と——英語ならば大文字ではじめるGodと——呼び合います。同じGodを三つの異なる様式で崇めているのだ、と彼らは考えています。

これらの三つの宗教に対して、古代のギリシャ人、ローマ人、ペルシャ人、エジプト人……たちの宗教は「多神教」でした。godにsがつく、つまり複数の神々を同時平行的に崇めておりました。

多神教と一神教とは、たがいに観念のシステムが異なっており、どちらが偉いとか深遠だとかということはありません。それについては後でまた説明することにしましょう。

なお、古代にも一神教的な信仰というものはありました。ギリシャ人たちもそのような神のことを論じておりましたし、そもそも世界で最初に一神教的な宗教を提唱したのは古代エジプト人だったという説もあります（それによれば、ユダヤ人はエジプト人の影響を受けて一神教の考え方を身につけたのだとか）。逆に、たとえばキリスト教ではマリア様も信じておりますし、たくさんの聖人も崇敬しておりますので、事実上「多神教」に近い様相を呈していると言う人たちもいます。

ですから「一神教」というのは一個の理念であって、現象面では「多神教」と「一神教」とをそう簡単に分けることはできないということをご承知置きください。

さて、ユダヤ教、キリスト教、イスラム教に共通する特質としては、一神教ということのほかに、「歴史へのこだわり」というのを挙げておこうと思います。この三つの宗教は、独特な形で歴史へのこだわりの姿勢を見せているのです。

たとえばキリスト教ではイエス・キリストによる救済ということを強調し、十字架上で死んだキリストが復活したというストーリーを重要なモチーフとしています。じつはこのような死と復活という宗教的モチーフは、古代のギリシャ人やエジプト人の宗教にもありました。その点では珍しいものではなかった。じゃあ、キリスト教と古代宗教とはやっていることに大差がないのか、というと、やはり大きな違いがあるようです。というのは、古代の宗教の神々は完全に「神話」のなかの存在であるのに対して、イエス・キリストというのは文字どおりの歴史的人物だからです。つまり、歴史上実在した、ごはんも食べるし、グーグー寝るし、笑ったり怒ったりした当たり前の人間であるイエスという人物が、じつは救世主であって、死んだだけど甦った、というふうに信じられているのです。キリスト教においては、神的人物が歴史的に実在していたということが非常に大事です。このことへのこだわりがある。だから、この人物について書いた福音書が「歴史的な記録文書」としてたいへん重宝されます。

ユダヤ教でも、モーセが民をエジプトから導き出して、シナイの山で契約を結んだというプロセスを「歴史上の出来事」として重視します。また、王国ができたり、それが潰れたり、預言者が現れて民を叱ったり、民があちこちで苦労したり、という歴史の過程を一生懸命に学習するのが、ユダヤ教にとっての重要な信仰の要素です。

イスラム教では、預言者ムハンマドが神から授かった言葉を掻き集めたコーランを信仰の中心に据えています。また、ムハンマドの言行録であるハディースをたいへんに重んじます。とにかくたんにありがたい教訓を奉じるというだけでは足りないのです。コーランやハディースが歴史的事実を背負っているということが重要なのです。

歴史性の重視、ということは、神が歴史に介入している、ということを信じるということでもあります。過去のある時の記録を、たんなる偶然の出来事を記したものだと考えるよりも、神様が意図的に起こした、何かの意味が込められた出来事の記録だというふうに考える傾向があるということです。それが究極の過去にまで遡れば、神による「天地創造」ということになります。そして過去から現在へと歴史を追っていって、その勢いに乗って未来のことまで思いをはせるとき、歴史の終点、この世の「終末」と、神による最終決算、つまり「審判」というものを考えないわけにはいかなくなります。

整理しましょう。ユダヤ教、キリスト教、イスラム教に共通する要素としては、それらが一神教であることと、歴史というものへのこだわりがあることが挙げられます。そして、聖典（聖書やコーラン）をたいへん重視することや、「終末論」的な発想が見られることも挙げられるのであると。

これらの要素は古代の諸宗教の場合にはいまひとつはっきりとしていなかったものです。今日のキリスト教徒やイスラム教徒が大半を占める西側世界というのは、このような思想的性格を標準的にもっている世界だと考えられます。インド世界、中国や日本などの東アジア世界などに優勢な思考様式とはいろいろな点で異なった性格をもっているのです。

7 キリスト教——信仰の系譜

キリスト教とは何か?

キリスト教というのは巨大な伝統です。大勢いるクリスチャンはそれぞれに、自分はキリスト教の本質を知っていると考えていますが、みなの考えが細部にわたってぴったり一致するということはないようです。時代的にも信仰や実践の内容は変化してきました。小さな冊子で「キリスト教とはこのようなものです」と簡略に書いてしまうと、歴史的にはずいぶん嘘をつくことになります。「日本人とはこのような民族です」なんて本は書けないでしょう? それと同じことです。

しかし、「日本人とはこのようなものであって欲しい」「このようにするのが大和魂である」といったような「信念の吐露」を書くことはできるはずです。同様に「これが正しいキリスト教である」「クリスチャンはこのように生活すべきである」あるいはもっと柔らかく「私の見解ではキリスト教の本質はこのあたりにあるのだと思う」という本を書くことはできるでしょう。しかしそれは信者さんたち、牧師さんや神父さんたちの行なうべきことです。本書のような、諸宗教の概略を書き並べた本においてやるべきことではありません。

キリスト教とは何か？　それはさまざまな分派に属するキリスト教徒の信念の総体です。では、キリスト教徒とは何か？　端的に言えば、「キリストを信じる人びとの集まり」ということになります。もっと詳しく言えば「約二千年前に実在したナザレのイエスという人物がキリスト（救世主）であると信じる者たちの集まり」ということになります。

では、イエスがキリストであるとはどういう意味なのでしょうか？　ここまで来ると話がややこしくなります。イエスがキリストであるとはどういう意味か？　いや、どういう意味かを考えるのがキリスト教徒なのだと言うべきなのかもしれません。どういう意味であるかは難しい問題だけれども、とにかく信じて救われることが大事だということなのかもしれない。とにかく信じて救われちゃった人、信じて救われようとしている人びとがキリスト教徒なのかもしれません。

なんだか話が禅問答じみてきました。人をケムに巻くような話をしてはいけない。順序を追って説明しましょう。

ナザレのイエス

ナザレのイエスは、パレスチナのナザレという町からやって来たユダヤ人（ユダヤ教徒）です。家の職業は大工さんでした。生まれたのは西暦紀元前四年ごろとされています（この御方が生まれた年をのちの歴史家が「西暦（キリスト教暦）紀元」と定めたのですが、計算違いがあって、ずれが生じたのです）。イエスはユダヤ教の教義に詳しかったようですが、エスタブリッシュした聖職者階級の人間ではありませんでした。論語に「三十にして立つ」という言葉があるように、イエスも三十歳ごろに

「宗教的活動家」として一家をなしたようです。しかし「四十にして惑わず」と言うわけにはいきませんでした。不惑の年を迎えるはるか前に死んでしまったからです。イエスの活動期間はせいぜい二、三年で、あっというまに反対派や官憲ににらまれて死刑（十字架刑）に処されてしまいました。

ユダヤ人たちが政治的にかなり苦労したことは第四章にすでに書きました。現代でも植民地・旧植民地の生活というのは大変なものです。ユダヤ人たちの苦労はそれにとどまりませんでした。ユダヤ教の信仰システムが制度的にかたまってくるにつれて、保守層、形式主義的な熱狂者、過激派、隠遁派といろいろなタイプの信仰者が現れて、たがいに対立するようになっていきました。民衆は生活に苦労しつつ、イデオロギー論争に翻弄されていたわけです。

こんななかで、イエスの説法は民衆の支持を集めました。（今日の目から見ての印象論になりますが）少なくともイエスには形式主義でもない、過激でもない、観念的な論争に乗っかるのでもない、かつまた穏やかで優しく、どこか超越したところがあったようにも見えます。福音書というのはイエスの言行録です。これを読むと、イエスのエピソードには不思議な魅力がありますね。ユーモラスと感じる人もいるかもしれません。

有名なエピソードを紹介しましょう。イエスを陥れようとたくらんだ人が、「ローマ皇帝に税金を納めるのは、ユダヤ教の戒律に適っているか、それとも適っていないか」と質問しました。こういうのはひっかけ、ワナです。ローマに忠誠を誓うようなことをOKだと言ったら人気凋落です。しかしダメだと言ったら逮捕されてしまう。イエスは、これに対してとぼけたような答えをします。銀貨をもってきなさい。ほう、これがローマ銀貨か。ここに描いてある顔は誰の顔か？　ふふん、ローマ皇帝の顔か。じゃあ、皇帝のものは皇帝に返すがよかろう。神のものは神に返しなさい。

これが有名な「皇帝（カエサル）のものは皇帝（カエサル）に。神のものは神に」です。

しかし、この言葉をどういう意味に解釈したらいいのかは、誰にもはっきりしたことは言えません。どんなふうにでも解釈できます。

神様の国（正義のユートピア）が実現するまでは、皇帝に納税するのもやむなしと言ったのか？ 皇帝を神と崇めてはいけないが、税金ならいいだろう、と言ったのか？ ローマへの納税とユダヤ教の神殿への納税を並べて見せることで、どっちにもNOと言ったのか？ あるいは言いたいポイントは最後のセリフ「神のものは神に」だけにあったのか？

解釈をいろいろと考えることじたいがキリスト教の営みです。何を意味しているかを最終的に確定できた人はいません。とはいえ、こうしたイエスの言葉に、人びとが強く心惹かれてきたのも事実です。

イエスの敵対者、つまり神学的な論争が大好きで他人を蹴落とすことばかり考えている人が持ち出した意地悪な質問に対して、「コインをもってきな」とひどく即物的に応じ、「この顔は誰だい？」なんてすっとぼけたことを聞いて、誰も思っていなかったような結論を出して、「神のものは神に」という信仰上の説法まで行なっているかに見える……。ううむ、ただもんじゃない。

人びともこの人はただもんじゃないと思ったのでしょう。この人には、くだらん人間のドタバタ劇を超えた権威があると人びとは感じたらしい。そもそもこの人は魔術的な治療の能力をもっていることで評判だったのでした。この人の手にかかると長年の病人も寝床を飛び出してひょこひょこ歩き出す！　病魔を退散させるとは、これはなんちゅう権威であることか！

その権威の意味は誰にもよくわかりませんでしたが、支持者の多くは、この人がつまり救世主なのだろうと推測しました。つまり、民衆の窮状を救ってくれる、超能力を帯びたスーパーマンのような一種の政治的活動家であることを期待したのでしょう。

しかし、どうしたことか！　イエスは官憲につかまり、一種の反逆者として死刑に処されてしまいます！

はい、それまでヨ!!

一巻の終わり!!!

民衆は「なーんだ、騙された」と思って四散します……

歴史的展開

これで終わりになれば、今日の「キリスト教」というものは存在しなかったはずです。しかし、殊勝なことに、「このイエスはやっぱり神様がつかわした救世主だったんだ」と信じる若干の人びとが居残りました。奇態なことに、その信仰の系譜が細々と連なってゆき、それがやがて太い流れとなりました。稀有なことに、それがしまいにはローマ帝国中に広まっていったのです。一種の「奇蹟」と言えるかもしれません。その信仰の系譜によれば、イエスは十字架刑死ののち復活して弟子たちの前に現れ、そのあと昇天したということになっています。

地理的・歴史的に見ればほんの小さな、ごく局地的な出来事にすぎなかったものが、つぎつぎと連鎖反応を起こして巨大な流れになっていくというのは、結果から見たときひどく不思議に思われます。現象としては、たとえば火のついたタバコを何気なしに捨てたのが山火事にまで発展する、ということがあります。森の訪問者がタバコを落とすなんてことはしょっちゅうあることかもしれない。そしてそのほとんどすべての場合、火はそのまま消えてしまいます。しかし、何百回かに一度、何千回かに一度、それが大火災になってしまう。なぜなのだろうか？　あのときに落としたタバコとこのときに落としたタバコとでは何か違いがあったのだろうか？　違いがあったはずだ。そうでなければ、今回のタバコが大災害を引きおこした理由がわからない——そう考えたくなるのが自然です。

同様に、たとえば、地中海にはたくさんの都市があったのに、なぜローマだけが全域を支配するにいたったのだろうか、といったような疑問を出すこともできます。あとから逆算すれば、ローマ市というのは、地理的・歴史的に非常に優位な場所にあったように思われます。ローマ市民そのものに必然的な資質があったようにも思われます。でも、それはやはり結果論ではないか、との疑問も残ります。

歴史に「もしも」を問うてもしょうがないとはよく言われることですが、歴史に「なぜか」を問うてもほんとうはしょうがないのかもしれません。歴史的推移のほんとうの原因は誰にもわからないし、あれこれと特定できる原因なんてものがあったのかどうかもわかりません。

わからないことに立ち入るのはよしましょう。とにかく、キリスト教徒の系譜というものが現にこの世に出現しました。そしてそれがどんどんと太いパイプとなっていった。

それは信者の系譜です。つまり、信者の集まりである教会と、信者の信仰内容あるいは習慣である伝承の織りなす系譜です。この伝承を母体として、数世紀かけて「新約聖書」という正典が編集されました。

かくして、イエス・キリストとは何者かということをめぐって、さまざまな議論が戦わされるようになったのですが、この論争の行く末に対してはパウロという人の議論が非常に大きな影響を与えました。この人の説法によって、ユダヤ教の枠組みを超えた、「独自の宗教」としての「キリスト教」が誕生したと考える人もあるほどです。*

＊ ユダヤ教徒は、古代からの戒律や儀礼を遵守していました。そうした枠組みのなかで、一部のユダヤ教徒がイエスという救世主を信奉していたのであると。ところがパウロの解釈以来、古い戒律や儀礼よりも、キリストに対する信仰というのが前面に押し出されるようになります。その結果、いわゆるユダヤ教徒とは区別された者としてのキリスト教徒が誕生したのです。

神学論争

いったん強大な多数派の宗教として地位を確立してしまえば、あとはそのシステムの内部において、さまざまな流派が出現し、さまざまな論争が起きるのを待つばかりです。「異端」と目される動きも活発化します。

大きいのは「グノーシス主義」というギリシャ系の思潮でした。この立場では哲学的に、精神と物質（肉体）の二つを分けて考えます。人間の魂は上位の霊的な次元から堕落して肉体の次元にとらわれている。禁欲してこの肉体から解放されてカミサマの知へと達さねばならない――

こうした説明を聞くと、「宗教」なるものの説明として、まあ、通俗的にわかりやすいもののような気もします。同じようなことを説いている宗教家はあちこちにいるのではないでしょうか？

しかしキリスト教としてはこれは問題でありました。グノーシス主義のいったいどこがいけないのか？　この思考法では、イエス・キリストという人物がいったいどんな存在であったのかわからなくなります。だってグノーシス流に考えていけば、次元の高い（霊的な）カミサマと次元の低い（肉体的な）歴史的存在とは一線を画すことになるのですから、イエスは歴史にはっきりと現れた神の姿であるという建て前があやしくなってしまいます。イエスの歴史的実在感が薄くなってしまう。しかし、前にも申しましたように、歴史的ということそのものにこだわるのがユダヤ伝来の考え方です。歴史に現れた神様というのを軽く扱っては、キリスト教そのものの存在意義がなくなってしまうかもしれない。

こういうのが「神学論争」です。はた目にはどうでもいいことのように見えるかもしれない。でも、当事者たちにとっては放っておけない問題なのです。後先のことを考えればいい加減にはしておけない。

このような論争がいろいろと起きて、教会当局が統一見解を定めなければ収拾がつかなくなりました。そこで何回かの大きな会議（公会議）が開かれ、キリストという存在の位置づけが定まりました。「三位一体」という考え方はここから登場します。三位一体とは、父なる神、子なる神（イエス・キリスト）、そして聖霊なる神が一体のものだという教理です。また、この子なる神であるキリストが神様であると同時に人間でもあるということも確認されました。*

＊　言葉の意味がわかりにくいので図像的に説明しておきます。神をコカコーラの缶にたとえますと、父、子、聖霊は缶の上面、底面、ぐるっと回った側面の三つの面にたとえられます。すなわち「三位一体」です。この缶をテーブルの上に立てます。テーブルは人間世界です。広い面上に救いを求める哀れな衆生がうごめいている。そこに神（コーラの缶）が出現した。缶の底面と机との接触面がイエス・キリストです。この丸い接触面は缶の底面（子なる神）として神に属しますが、幾何学的にはこの面は机の面でもありますから、当然人間にも属します。キリストには神と人間の二つの側面があるのであると。

人間の歴史的世界という苦界（机の面）と神なる救済の原理（コーラの缶）との境界面にあるキリストは、たんなるシンボルでも絵物語の登場人物でもなく、歴史的人物であることによって救済のリアルな根拠が示されます。キリストは人間であり、かつ神であった。ここに信仰の要訣がある……

神学論争には必然的な側面もあり、また「異端者」の迫害という忌わしい側面もあります。ダメなものはダメだと退けつつ、あんまり相手に残酷な仕打ちをすることなく、余裕をもって眺める、という芸当を行なうことはなかなか難しい。仏教などは信条の多様性に対して寛容なところが（同時にまたルーズなところが）ありますが、キリスト教の場合はどうも厳しくなりがちです。なかでも合理主義的な西欧はけっこう排他性が強かったように思われます。

神学論争が重んじられるのは、思考が観念的だからです。よく言えば理論的で明晰なものですが、悪く言えば、すべてを0か1かで割り切るデジタル思考だということです。デジタル思考は自然科学の発展には好都合です。しかしすべてが曖昧で、なかば勘違い、なかばレトリック、なかば取り引きで成り立つ複雑怪奇な人間社会の問題を扱うには危ないところもあります。

注意してほしいのは、科学を生み出すような合理主義と、異端審問を生み出すような神学的な観念論とは、正反対のものというよりは、むしろ近似性が高いということです。合理的でない人は滅茶苦茶な思考をするから宗教論争をして暴力に走るのだ、というふうに単純化することはできません。

さまざまな宗派

それはともかく、キリスト教は、教会制度としても、聖書のような正典においても、神学的なシステムとしても、基礎を固めました。とはいえ、いくつかの宗派の相違が存続しました。エジプトのコプト教会、エチオピア教会、シリアのヤコブ派教会、アルメニア教会などは、キリスト論などの理解において他の教派とは違った解釈をしております。ギリシャ正教会とローマ・カトリック教会はたがいに違和感を表明しつづけていたのですが、一一世紀に正式に分裂しました。

そしてつぎには——だいぶ後のことになりますが——このカトリック教のなかから、プロテスタントと呼ばれる諸宗派が分離独立しはじめました（一五世紀以降）。いわゆる「宗教改革」ですが、これにはドイツのマルティン・ルターや、スイスのジャン・カルヴァンといった人が起こした流れや、英国王室が独立させた英国国教会という流れなどが含まれます。

中世という長い時代を支配しつづけたローマ・カトリック教では、教皇（ローマ法王）を中心とする聖職者の階級システムががっちりとできあがっていました。強大化したバチカン権力に楯ついたのが、プロテスタントだったのです。プロテスタントの改革をもって近代の幕開けとされています。

カトリックは古代から続く伝承・伝統の上に信仰生活を形成していましたが、プロテスタントはそれらのなかのいろいろな要素を削ぎ落として、儀礼なども簡素化しました。プロテスタントには、もっぱら聖書を読んで牧師の説法を聞いて考える、といったように、「知的」側面を強調する傾向がありました。それは、一面においては宗教の純粋化ですが、一面において、身体的な動作や訓練、感覚、感情というさまざまなものから成り立っている人間というものを、観念的な精神論をもって単純化して捉えるデジタルな人間観の始まりでもありました。

余計な伝統を排して聖書という原点に集中しよう、という原点主義的姿勢は、キリスト教の信仰をかえってややこしいものにしたという意見もあるかもしれません。聖書という文書は、教会の伝統のなかで成立し、解釈のしきたりのなかで機能してきたものです。一つ一つの文言の意味は機械のマニュアルのような明瞭なものではありません。聖書を純粋に読解しようという努力は、むしろ解釈の多様性を際限なく増大させました。それは個々人の思考の自律性を高めたかもしれませんが、信者たるべき者の具体的ライフスタイルはしだいに焦点のぼやけたものとなっていきました。*

* 西欧では、近代におけるプロテスタントの出現以前から、人びとがある種の「自我意識の芽生え」を経験していたかのようです。中世後期のカトリック教会では、司祭様に対して罪の告白を行なう儀礼（いわゆる懺悔）が制度化されました。これはたぶん人びとを内省的にしたと思われます。悪いことをしたからごめんなさいというばかりでなく、悪とは何か、自分はいかに悪に弱いか、そういうことを神経質に分析する傾向が育っていったわけです。このような流れのなかで、やがて自我意識のほうが宗教的な教えよりも前面に立つ、近代的な「人間」というものが生まれていったように思われます。ルネサンスというのもこうした流れの一環であり、プロテスタント宗教改革というのもその一現象面と言うべきかもしれませ

ん。結局、西欧ではやがて個人の理性を前面に押し出した啓蒙主義の時代を迎え、「宗教」そのものが抑制されていきます。

8

近代を生み出した西洋

戒律からシステムへ

すでに説明したように、キリスト教では、イエス・キリストが「救済」の発信者です。幾世代も幾世代も、教会のなかで行なわれるミサや聖餐式と呼ばれる儀式を通じて、人びとは救いの給付を受けてきました。キリストへの信仰を通じて、人びとは俗世の苦難や堕落を超越することができる、できるだろう、できたらいいな、と考えてきたのです。

しかし、それが信仰生活のすべてではありませんでした。キリスト教もまた、多くの戒律からなる宗教です。神、キリスト、聖書、教会の権威によって定めれたあれこれの生活上の規範を守ることが大切なのでした。

司祭様や牧師様のお説教にしたがわずに救われようなんて、そんな虫のいいことが許されるはずはない――と、少なくとも昔の人びとは考えていました。昔は教会の権力は絶大でありました。

ユダヤ人の宗教が、さまざまな戒律のトレーニングを事とするものであったように、キリスト教も、あとでお話しするイスラム教も、一神教的宗教は、何よりもまず共同体の道徳的な規範として存在していました。この道徳は、個人の生活から国家の政治にまで影響を及ぼすものでした。

しかし、現代の西洋社会では、教会の権威はしだいにシンボリックなものになってきています。フランス社会も、ドイツ社会も、イタリア社会も、アメリカ社会も、もはや教会の直接の指導のもとに運営されているわけではありません。教会が発信する宗教的・道徳的宇宙のヴィジョンは床の間の飾りと化しつつあり、世俗という名のお座敷では、さまざまなシステムが——会社も銀行も議会も大学もシンクタンクも芸術家のアトリエも——自律的に運営されるようになっています。これが「近代」ということです。

図式的に述べましょう。西洋においては、一度は教会の権威が、家父長の権威、村の伝統の権威、まじない師の権威、学者の権威、領主の権威、とあらゆる権威を吸い込んで、絶大なものとして君臨しました（もちろん事実上教会の権力の及ばないところや、たんなる無視、公然たる対立もありましたが）。ついで近代が始まって、この絶大なる権威を解体してしまった！　家中からお皿を引っかきあつめて大きな食器棚に積み上げたあげくに、その食器棚を引っくり返してしまったようなものです。

これによって、人間（もろもろの個人）は教会の権威から解放されました。では、みんな自由になってめでたし、めでたしか、というと、単純にそうとも言えないようです。

というのは、戒律という衣を脱がされて裸にされた個人は、今度は会社、工場、役所、学校、軍隊のユニフォームを着せられて、「合理化」という名のカミサマのお説教をたっぷりと聞かなければならなくなったからです。食器棚を引っくり返しても、やはりお皿は必要なので、規格品のプラスチックのプレートを支給された、といった感じでしょうか。

西洋に由来する近代の合理的なシステムは、科学とテクノロジー、資本主義、そして民主主義などから成り立っています。これらは自然にできたものではありません。何百年もかけて一生懸命築き上げられたものです。本来の意図からすれば、これらは個々人の自由と幸福を増大するために作られたものです。科学とテクノロジーによって、人間はさまざまな人工物を手に入れて、自然の脅威に直接さらされずに暮らせるようになりました。資本主義のおかげで、資金集めも生産も流通も販売も利益もうまく回転するようになり、日々の暮らしはたえず進化するようになりました。民主主義のおかげで、上下の別なくみんなで物事を決定できるようになり、問題があれば国民の前に訴え出ることができるようになりました。

とはいえ、このシステムは少しきついということもわかってきました。科学とテクノロジーは下手をすると暴走気味です。遺伝子操作なんてほんとうにやっていいの？　と誰しも不安に思っています。核兵器・化学兵器など軍事技術は、いったん使用したら中世に描かれた地獄絵図よりも怖い状況を現出させます。資本主義のゲームだって、監視を怠るとどんどん格差社会を再生産していきます。民主的なコミュニケーションや意思決定のシステムは、その理念はいいのですが、勝ち組に有利な方向に働く傾向があり、さもなくば大衆受けへと堕落していきます。全体的に言って、近代のシステムは、(開発がもたらした地球温暖化のように)自然のエコロジーの崩壊を引きおこしつつあり、それと同時に、世界各地の微妙な社会的生態系も破壊しようとしているかのようです。貧富の差は移民の波をもたらし、異文化どうしの摩擦が、各地で険悪なムードを高めています。

どうもなかなかしんどい情勢です。

二極分化の図式

私たち世俗的現代人の目から見て、皆が教会の権威のもとにひれ伏していた西洋中世のような社会は、「きつい」感じがします。なんで神の戒律と称される伝統的な習慣を「絶対」的なものだと考えなければならないのか？　「絶対」には合理的根拠がないし、そのような押しつけはまっぴらだ！　――そう私たちは感じます。

他方また、近代資本主義社会のような、みんな自由だ自由だと言いつつも自転車操業のようにたえず走っていなければならないシステムというのも、別の意味で「きつい」。

近代社会には、中世の神の戒律のような「絶対」的規範は存在しません。この世に「絶対」なんてものはないというのが、近代人の合言葉です。しかし、そうは言っても、近代には事実上の「絶対」的規範があります。みんなで（他人から蹴落とされないように）たえず競争せよというのがそれです。資源は浪費され、環境は崩壊しつつあるのに、あっというまに使い捨てられる新商品をたえず売り出さなければならない。こんな圧力もまた、近代的な「絶対」です。

こうして見ると、歴史に現れた人類の行動規範は――少なくとも西洋文化の洗礼を受けた人間の行動規範は――どこか極端から極端に振れるところがあるようです。

すなわち、一方には「神の規範が絶対だ」という世界観がある。この世界観のもと、教会システムが、自然と伝統の抑制下にある個々人に対して救済を供給する。（しかし過去の教会は抑圧的であったとしてどうも評判がよろしくない）。

他方には、「人間の自由が絶対だ」という世界観がある。そして人間にまさにその自由を供給するための近代合理主義のシステムがある。（そしてこのシステムはほとんど人間そっちのけで回転しはじめているかのようである）。

神の支配か人間の自由か。抑圧された中世か疾駆する近代か。ほんとうはこんなふうに二分して歴史を捉えることはできないかもしれませんが、少なくとも今日の私たちのイマジネーションにおいて、こうした二分法は力をもっています。人間の生き方は（宗教に代表される）伝統社会の抑圧的権威に服するか、あるいは、あらゆる因習を払いのけて絶対の自由を追い求めるか、二つに一つである。因習と戦う孤独な戦士――私たちはみずからがこのような人生を歩んでいるとイメージする傾向があります。西部劇のヒーローから宮廷女官チャングムまで、因習との戦いの物語の例には事欠きません。

こうした二分法の当否は問わないことにしましょう。しかし、このような鋭い二極分化の図式を生み出したのは西洋の歴史であったことを確認しておきたいと思います。西洋（キリスト教）社会というのが、中世のような社会と近代のような社会の二つの極端なモデルを生み出したのです。アジア（ロシアやイスラム圏や日本を含む）が歴史的に生み出してきた社会は、どちらのモデルにも完全には一致しません。とはいえ、近代西洋のモデルは、今日のグローバル社会の規範となっています。キリスト教会の世界布教の理想は実現しませんでしたが、近代合理主義の布教は成功しました。

こんなわけで、非クリスチャンといえども、現代に生きる私たちは、キリスト教的西洋とは何であるのか、考え込まないわけにはいかないのです。

9　イスラム教というシステム

なじみのない伝統

日本人にとってイスラム教というのはいちばんなじみの薄い宗教かもしれません。仏教や儒教ならば漢字文化圏の知識として直接に知っています。キリスト教も明治以降の布教活動によってだいぶ知られています。しかしイスラム教については、直接触れ合う機会がほとんどないので、おおむね何が何だかわからない。

イスラム教というのはすでにお話ししたようにキリスト教の親戚筋ですから、日本でいちばんイスラム教の話がピンとくるのはクリスチャンでしょう。とはいえ、なまじ近いものであるだけに、かえって誤解もあるという話も聞きます。つまり、キリスト教になぞらえた形でイスラム教を理解していると、何か大事なことがずれてくる、という可能性もあるのです。

実際、ヨーロッパ人なんかはほとんどがクリスチャンですが、だから彼らがイスラム教をよく理解してきたかというとそんなことはない。そんなことがあれば、あれこれの衝突なんか起きていないはずです。伝統的にキリスト教社会はイスラム教を誤解してきたし、たがいに相手のことがボカシの入った映像のようにしか見えてこないので歯がゆい思いをしつづけているわけです。

現代の西洋人にとってイスラム教が理解しづらいものになっている理由の一つは、ほかならぬキリスト教の変貌の歴史であるという考え方もできます。というのは、こういうことがあるからです。

すでにお話ししたように、昔々西洋人は、教会の命令にしたがって伝統的な戒律を守るべく日々精進してきたのですが、近代になってどんどんと教会の権力が後退し、日常の社会生活の場で——たとえば政治の場で、商取引の場で、会社生活の場で、社交の場で——キリスト教の戒律を表に出して暮らすということがほとんどまったくなくなってしまいました。こんなわけで、ある人びとは「宗教など人間生活に必要ないのだ」と言い出しました。別の人びとは「宗教は人間にとって必要なものだが、しかし大事なのは宗教の〝こころ〟であって、個々の戒律を守ったり、教団の命令にしたがったりすることではないのだ」と言って宗教を弁護するようになりました。つまり宗教が一種の「精神主義(こころ)」になってきているのです。

宗教排斥派にとっては、いまだに昔流の戒律にこだわっているイスラム教徒は、時代遅れにしか見えないでしょう。宗教擁護派にとっても、イスラム教徒は「宗教の〝こころ〟」ではなくて「宗教の〝形骸〟」にこだわっているように見えているはずです。どちらの基準からしても、イスラム教徒はあたかもモノのわからない頑固な田舎のじいさま・ばあさまででもあるかのように評価されてしまいます。

イスラム教徒はたしかに古い戒律にしたがって生活を組織することを理想としています。これが現代社会においてどこまで可能かは難しいところだと私も思います。しかし、現代西洋人とイスラム教徒との間には「宗教」観をめぐるずれが生じていることを、私たちは認めておくべきでしょう。たんにキリスト教の教義とイスラム教の教義がずれているというのではなくて、そもそも人間と宗教との関係についての考え方、感じ方がずれているのです。西洋人はだんだん観念的な宗教観を抱くようになってきている。イスラム教徒の宗教観には具体性を離れず、生身の人間の息遣いを残しているところがある。どちらが正しいという問題ではありません。

この点、日本人なんかは西洋式とイスラム式の中間的なところがあると言えるかもしれません。日本人は西洋人と同様、伝統的な戒律なんてほとんど守っていません。「大事なのは形骸じゃない。〝こころ〟だ」ということをよく言いますし、仏教もまた〝こころ〟を説いた宗教だと思っています。この点では、現代の日本人と現代の西洋人とは話が合うようです。

しかし一方で、日本人にはリクツよりもカタチを重んじるところがあります。観念よりもやっぱり挨拶や礼儀、身振りなんかのほうが大事である。「型にはまりたい」というとマゾヒストのように聞こえ、精神が自立していない証拠のように言われますが、しかし歌舞伎の所作や茶道のお点前のようなもので、人生において型というのは大事ではないか、とも感じています。このカタチ重視の路線を延長していくと、どこかでイスラム式の戒律重視のパターンに触れ合うのではないでしょうか？

実際、イスラム社会では日本人の評判はおおむねいいと聞きます。日本人はアッラーの神のことも知らないし、戒律主義もピンとこないのですが、それでもイスラム教徒の生活様式を尊重して、西洋人よりも礼儀正しく謙虚にふるまう傾向があるのでしょう。日本人とイスラム教徒の生き方とを結ぶ何らかの思考の脈絡を求めるときには、妙にキリスト教経由の思考によって神学的に構えようとする前に、礼儀という伝統のことを思いおこして、相手が大事に思っている戒律や伝統を同様に尊重するという心遣いから始めるようにするほうがいいのではないでしょうか？

もちろん日本式の礼儀がイスラム社会にそのまま通用するわけではないということも覚えておかなければなりませんが。

神の啓示

さて、前置きばかりが長くなりました。イスラム教について基本的なことを説明しておかなければなりません。イスラム教はユダヤ教やキリスト教と同じく、一神教であり、神の預言というものを重んじます。というか、まさに神の言葉をムハンマド（マホメット）が預かって人びとに公布したものとしてイスラム教は出発したのです。

ムハンマドが誕生したのは西暦五七〇年くらいのことだと考えられています。場所は今日サウジアラビアに属するアラビア半島の中心都市メッカです。メッカというのは地中海とインド洋を結ぶ交易路の拠点として栄えた商業都市です。また、カアバ神殿というアラブの諸部族にとって大事な神殿の門前町でもありました。ムハンマドは隊商に従事した正直者の商人であり、奥さんは年上のひと、ハディージャという富裕な未亡人でした。

いつしかムハンマドはお山にこもって瞑想にふけるようになったのですが、ある日天使からの啓示を聞いてしまった！　これには当人もびっくりです。どうも自分は変なのではないかと悩んだらしい。

しかし結局、自分が「神の使徒」であるとの啓示を受け入れて、預言者として活動するようになりました。

それまでのアラブ人の宗教は部族ごとにカミサマが異なる多神教でした。血縁集団である部族と部族が同盟を結んだり喧嘩をしたり、個人の生きる道はこの部族を離れてはありえなかったのですが、そうした諸部族を保護していたのが先祖伝来の神々だったのです。メッカの町を遠く離れた地中海沿岸にはビザンツ帝国のキリスト教がありましたし、ユダヤ人もあちこちに住んでいました。だから一神教のことはまるで知られていなかったわけではありません。でも、アラブ族としてはこの部族的な宗教を奉じていたのです。

ところが、アラブ人であるムハンマドに啓示を下したもうたのは、これらの部族神ではありませんでした。〇〇神、△△神、××神という丸や三角やばってんの部分、固有名詞の部分を取り除いた裸の「神」に定冠詞をくっつけたのが「ザ・神（アッラー）」です。

> 告げよ、「これぞ、アッラー、唯一なる神、
> もろ人の依りまつるアッラーぞ。
> 子もなく親もなく、
> ならぶ者なき御神ぞ。」（井筒俊彦訳『コーラン』、岩波文庫、一一二章）

神々を退けて「ザ・神」が登場するということは、神々によって護られてきた部族の生活が根っこ

から改変されるということを意味します。これじたいはアラブ人の社会にとって革命的な意味をもつことです。

これを何にたとえて説明すればよいでしょうか？　薩摩の殿様に忠誠を誓う薩摩族やら、長州の殿様に忠誠を誓う長州族やらが、ある日ある時、天皇陛下という殿様に目覚めてしまったようなものだと言ったらおわかりいただけるでしょうか？　殿様の世界では天皇陛下が一段上のステータスにあるのだとすれば、神的世界では「ザ・神」が神々を超越した権威をもちます。さて、諸藩が部族の宗教を捨てて天皇陛下教に改宗したとすれば、「日本の夜明けは近い」かもしれないけど、旧サムライ社会は根っこから崩れていくことになります。嫌だ、という人もいたことでしょう。

はたして、ムハンマドと彼の信奉者たちは既存の利害関係を破るものとして迫害を受けることになります。さあ、どうなるか？　ムハンマドの一派にとってのグッド・ニュースはメッカから三百キロほど離れた隣町のメディナ（当時の呼び名ではヤスリブ）から来ました。きっかけはメディナの町からの訪問者がムハンマドの教えに改宗したことです。このときの縁によって、ムハンマドはメディナの町の部族抗争の調停に向かいます。メディナはメディナで内部対立で大変だったのですね。（メッカからメディナへのこの移住のことを「聖遷（ヒジュラ）」と言います。イスラム暦はこのヒジュラ（西暦六二二年）を紀元とする太陰暦です）。結局、ムハンマドはメディナの調停に成功し、イスラム共同体を築き上げました。イスラム社会の元型の誕生です。（こののち、メッカ社会はムハンマドに降伏、カアバ神殿はイスラム教の中心的な神殿となりました）。

イスラム開教のプロセスは、その後のイスラム帝国の急激な膨張と合わせて「怒濤の勢い」を思わせるところがあり、これもまた歴史の奇蹟のような感じがします。明治維新についての西洋の解説書を読むと、幕末から明治維新、文明開化から日清日露の戦争へ向けての近代日本史の展開の速さに驚きを表明しています。歴史にはときとして何かがパタパタパタと展開する時があるようです。人間社会はゲームに似ており、何かのきっかけで新しいゲームのルールができあがると、人びとがそのゲームのプレーヤーとして猛烈に活動しまくるようになります。逆にゲームが何かの飽和状態に達すると、どんなに才能のある人がプレーしても空回りのような状況に陥るものですが。

ここで私が「ゲーム」という比喩を持ち出したのは、ゲーム（すなわちルールと駒をもったひとつの制度）という観点から見るとき、「宗教」も「政治」も「社会」も「文化」もひっくるめた全体として、イスラム共同体を――そしてキリスト教的西洋社会や日本などの社会も――見ていくことが可能になるからです。

ムハンマドの預言者活動は、新興のイスラム共同体とユダヤ教徒との、またアラブの諸部族との複雑な対立関係を乗り越えていくことに成功しました（そのなかにははじめムハンマドにしたがわなかったメッカの大部族との戦争も含まれています）。ムハンマドの伝記は「宗教」的預言者の伝記でもあれば、「政治」的指導者の伝記でもあります。イスラム教のシステムは、今日の私たちが考える「政治」も「宗教」も、すべてを取り込んだようなものとして展開しました。

シンプル・ライフ？

これもまた一つのめでたし、めでたしの物語です。私たちとしてはこうしたモチーフのシンプルさに驚かないわけにはいきません。

——預言者は神のお言葉を宣べ伝えただけでなく、政治家としても大活躍した。

——はじめこの新宗教は地域の有力者たちから迫害されていた。それが赫々たる大勝利をおさめて、みなが一つの共同体にまとまった。

——部族間の喧嘩の絶えない、個人の自由もままならない部族宗教が終息し、ザ・神による一種の自由・平等・博愛が実現された。

じつに明快な話です。

預言の内容は「コーラン（アラビア語の発音に即した書き方ではクルアーン）」という一冊の本に書き留められて、異本もヴァージョン違いもありません。神が三つで一つ（三位一体）とされることもなく、単純明快に「神」、ただそれだけです。帰依者（ムスリム＝イスラム教徒）が守るべきもの、信じるべきものもコンパクトにまとめられています。コーランとムハンマドの言行記録などをもとにイスラム法がまとめられ、これが信徒の全生活を傘のように覆うものとされています。イスラム教においては、観念と実践とが一致しているのが理想です（日々の礼拝はちゃんとからだを折り曲げてやるべきです。心のなかで祈っているから身体を曲げるのをはしょってもいいというのは……いけない誘惑です）。[*]

＊　イスラム教徒が信じるべきものとされているのは、アッラーの存在、天使の存在、啓典（コーランを含む諸教の聖典）、使徒（ムハンマドなど）、来世の存在、予定（アッラーが全世界の出来事を知っている

こと）の六種です。また、行動規範としては信仰告白、礼拝、喜捨、断食、巡礼の五種です。聖典がコーラン、預言者ムハンマドの言行記録がハディース、イスラム法がシャリーアです。

テレビの特集番組か何かで、メッカのカアバ神殿に向かって同心円状に並んで一斉に礼拝しているイスラム教徒の姿をご覧になったことはありませんか？　ちょうどこの映像のように、力強い明快なイメージがイスラム教にはあります。

ユダヤ教、キリスト教についで現れたイスラム教は、歴史のうえでは新しい宗教に属します。そのぶんだけ教理的にシンプルなものになっているのかもしれません。歴史のフィルターで濾過されて出てきた一神教のエキスだと言う人もあるでしょう。*

＊　なお、イスラム教はシンプルだとは言ってもたくさんの宗派や法学派があります。大宗派はスンナ派とシーア派です。スンナ派（スンニー派）は多数派で、シーア派はムハンマドの後継者をめぐって分派した宗派です（イラン周辺に多い）。シャリーア法が「外面」だとすると、精神的な「内面」にポイントを置くのがスーフィズム（スーフィーと呼ばれる修行者たちの生活様式）です。

しかし、このような単純明快さ、一本気な構造が、西洋人を含む世俗的な現代人にとっては、かえって理解できない側面を含むことになります。

たとえば、現代人にとって、プライベートなこととオオヤケの社会生活とは別問題だと考えるのが普通になっています。だから公私の全体を傘で覆うイスラム教のやり方はなかなか想像がつきません。個人が不自由じゃないかと感じます。

また、政治と宗教とがいっしょくたになっているのも理解できません。私たちの世界では、この二つのあいだには分業があります。たとえば「宗教」的な真理として「暴力はいけません。陰謀もいけません」と考えます。他方「政治」的な真理として「軍隊は必要です。警察も必要です。諜報機関も必要です。軍人・警官・民間人の正当防衛も必要であり、懲罰や死刑も必要です」と考えます。このような、便利な使い分けが成立している。一方、イスラムはいっさいがっさいを単一の秤にかけて考量するシステムであり、暴力を含む戦略的判断についても同様です。そんなわけで、たとえば聖戦(ジハード)といったアイデアが宗教的な問題として推断されることになります。「聖戦」という言葉だけを取り出して聞くと何か大それたことのような感じがしますが、これはべつに「戦争のススメ」を説いているのではなく、イスラムという論理が、西洋や日本のような分業、使い分けとは違ったカタチで機能を果たそうとしていることを示すものでしょう。しかしまあ、西洋人・日本人にとっては、なかなかピンとこないところがあるわけです。

さて、こうしたギャップをどう捉えたらよいか？　じつはこれは偉い人たちにもなかなか消化できない問題となっています。

ヨーロッパ世界では、キリスト教とは何か、解釈に解釈を重ねていくうちに、結局、解釈される宗教よりも、解釈する人間（個人）のほうが偉いということになって、宗教の居場所がだんだんなくなってきました。ただしその人間は社会制度の常習的な変更と論理的・心理的な拠りどころのなさに脅かされるようになっています。これが西洋のジレンマだとすると、イスラム世界のジレンマは、単純明快なイスラムの傘が、今日の西洋的な分業（宗教と政治、私と公、精神(こころ)とかたち）になじまず、消化不良ないし機能障害を起こしている点にあるように見受けられます。

先の章で書きましたように、西洋世界は、テクノロジーと資本主義と自由主義が三つどもえをなしてほとんど自動的に進化をとげていくゲームを開発しました。これは人間の解放をめざすシステムでしたが、いまやかなり暴走気味です。イスラムというゲームは、そういう進化とは無縁で、頑なまでに大昔のイスラム共同体のパターンに回帰しようというモーメントを抱えています。こうした保守性と近代的イデオロギーとをどう折り合わせるかが難しい課題となっています。

いまさら神の預言でもないだろうと、私たち世俗的現代人は考えますが、といって、西洋型の近代システムにも不具合がたまっていることに目を向けなければなりません。答えに窮しているのは、何もイスラム教徒ばかりではないのです。*

＊　とくに苦しそうなのは、旧植民地においてであれ、欧米の移民社会においてであれ、西洋的な規範とイスラム的な規範の両方のはざまにある人びとです。社会制度としても、個人的人格としても、どっちつかずにならざるをえない。そんな緊張関係のなかでトラブルが頻発します。暴力沙汰も起こる。そうした混乱じたいがしばしばイスラムという「宗教」の頑迷さのせいにされますが、境界領域の苦難をどちらか一方の病理のせいにするのは、あまりにも恣意的な解釈と言うべきです。なお、いわゆる原理主義や宗派間紛争については本書の後半でもう一度触れます。

10 東ユーラシア／多神教

ふたたび、世界地図

以上、ユダヤ教、キリスト教、イスラム教と、旧大陸のおもに西側で発達してきた「一神教」の伝統について概観してきました。つぎに私たちは、旧大陸の東側、インド亜大陸と中国亜大陸を中心に発達してきた、いわゆる「多神教」的な伝統へと目を転じたいと思います。

その前に、地理的な状況をおさらいしておきたいと思います。世界地図をご覧ください。ヨーロッパ、アジア、アフリカが巨大な地塊をなしています。これが旧大陸です。その西半分の真ん中に地中海があり、地中海の東方に、ユダヤ教、キリスト教、イスラム教を生み出してきた「中東」があります。

地中海の周辺では古代より無数の民族が縦横に移動してきました。「ゲルマン民族の大移動」というのはローマ帝国をゆるがした大事件として有名ですね。でも、これだけではありません。アラビア人もトルコ人も民族移動を通じて歴史の表舞台に登場してきた民族です。地中海周辺から中東にかけて、山脈が断続的に続いていますが（アルプス山脈、アナトリア高原、イラン高原など）、民族の移動を妨げるほどの障害物ではなかったようです。とにかく、旧大陸の西側というのは、細かな民族がそれぞれに自己を主張しながら、離合集散をくり返してきた世界であると言えます。この多様な民族世界を横断するように、一神教という文化のシステムが広まっていったのです。

さて、旧大陸の東方に目を向けてみましょう。まず、目につくのはヒマラヤおよびチベットから中国・ビルマ国境地帯にかけての巨大な山塊です。これは急峻な山脈の一大連続体であり、民族移動にとっては真の障壁でした。このあっち側とこっち側でインド文明と中国文明が展開してきました。「インド亜大陸」という呼び名が示しているように、インド半島はヒマラヤの山塊で仕切られた袋小路のような地形を形成しています。この北西側からときおり民族が流入してくるのですが、インド文化は太古より連綿として累積的に発達を続けてきました。

同様のことは中国についても言えます。こちらもまた一つの亜大陸であり、北部・西部からの異民族の侵入はあっても、中国文明の歴史の流れをちょん切るようなものではありませんでした。モンゴル人がやって来て元帝国を建て、女真族がやって来て清帝国を建てても、文化の基本に変化は生じませんでした。

インドと中国にあっては、太古からの「多神教」的な伝統が、おおむね攪乱されることなく成長を遂げていったのです。これはユダヤ教・キリスト教・イスラム教という一神教三兄弟の観念世界とはおおいに異なる精神風土が、これらの地域には発達しているということを意味しています。まずはこのことを念頭に置いておきましょう。*

＊　もちろん東ユーラシアの全体が「多神教」地域であると考えるのは間違っています。第三章の地図で

お確かめください。イスラム教やキリスト教は世界の東半分にも広く進出していることがおわかりいただけるはずです。

一神教と多神教

ところで、ここでは「一神教」とか「多神教」とかと言われる概念について、ちょっと注意を喚起しておきたいと思います。

多神教とは何か？　たくさんの神様を信じる信仰体系です。一神教とは何か？　神様を唯一絶対のものと考える信仰体系です。

一般的に言って、多神教は、たとえば弁天さんにお参りしたり春日様を拝んだりお狐様（？）にアブラアゲを奉納してきたりして、なんとも土俗的な感じがします。原始的なんじゃないのか？　と思っている人も多いかもしれません。実際、一神教の立場からは、多神教は「レベルの低い宗教」と見なされがちです。まことの神を知らずに、レベルの低いさまざまな形象を拝んでいる、ピンボケの宗教と考えている人までおります。

一神教というのは、西ユーラシア世界においてそれまでの多神教を蹴落としながら成長してきたものです。彼らの文脈においては、多神教を排除する理由がありました。古代ユダヤ人は、ヤハウェの宗教盟約を奉じつつ、異民族の多様な宗教の浸透を駆逐するのに必死でした。キリスト教が成長した文脈においては、ローマ帝国の既成の権力と結びついた多神教の神々を、クリスチャンたちは人間的自由の妨害者のように見ていたことでしょう。イスラム教が出現したアラブ人社会では、多神教は部族的な排他性と結びついておりました。これを打破してこそのイスラムの平和です。このように、それぞれの文脈において、多神教を退け、超越的な「真の神」を提唱することは、彼らの宗教改革の本質にかかわる重大事でありました。

しかし、それらはすべて歴史的文脈あってのことです。たとえ大勢の神々を退け、唯一の神を打ち立てたとしても、今度はその唯一神の文脈のなかで、さまざまな多様な信仰形態が発展していきます。たとえばキリスト教では、神は父と子と聖霊の三つに分かれてしまいました。さらにマリア様、もろもろの聖人と「崇敬」すべき対象は無数にあります。もっとも、この信仰体系の内部の論理では、聖人と神とは違います。もろもろの聖人は神ではないのだから「多神教」ではない。しかし、はた目には実質的に「多神教」に見えます。

そうしたはた目の観察は無意味だというのであれば、そのとおりでしょう。しかしそれを言うなら、ヒンドゥー教や仏教や神道を「多神教」と名づけたのもはた目で眺めていた一神教徒です。東ユーラシアの宗教にも、世界を超越するような存在あるいは原理についての哲学が存在します。どこの世界でも、観念的思考のレベルでは、超越的な次元と、多様な現象の世界との区別はあります。べつに、仏教や儒教の信者の探究のレベルが低いわけではありません。

ユダヤ教やキリスト教やイスラム教において実際に重要なのは、たんなる「唯一神」という抽象的形象ではなく、その神がつぎつぎと歴史に介入していく具体的な一本の系譜があるということだろうと思います。ユダヤ人は「アブラハム、イサク、ヤコブの神」というふうに、遠い祖先の名前を持ち出して、系譜的に神を語ります。この系譜による全体的統一というのが、西ユーラシアの一神教の重要なアイデンティティーだと言うべきかもしれません。この統一性のなかに、ヒンドゥー教も、仏教も、儒教も、神道も、その他もろもろの多種多様な信仰システムも参与することができないわけです。

もちろん、これもまた、ユダヤ教・キリスト教・イスラム教側の論理です。系譜ということであれば、仏教にも系譜があります。二五〇〇年前に仏陀が発見した道理を続々と（再）発見しつづけていく者たちの系譜によって、仏教の法統は受け継がれてきたのです。どの伝統においても、系譜というのは重要な概念です。仏教徒は「悟り」の系譜こそが宇宙第一の重大事だと考えていることでしょう。西ユーラシアの一神教徒は「アブラハムの神」の啓示の系譜こそが歴史の本質だと考えている。それぞれに自己中心的です。自分が宇宙の中心に立っていると考えるのは、それだけまじめだということですから、一概に悪いことだとは言えません。しかしそれぞれの固有の文脈を無視して、たがいの主張を比較しても意味はないでしょう。一神教か多神教かというレッテル貼りは、それぞれの特徴を整理した標語のようなものとしては役にたちますが、「一」と「多」とを抽象的に比較しても不毛な議論にしかならないのです。

語りやすいもの、語りにくいもの

違いについて語るならば、「一」と「多」との差よりも、もっと絶妙なレベルの差異に注目したほうがいいかもしれません。

キリスト教とか、イスラム教とか、ユダヤ教とかというのは、図式的にはわりに輪郭のはっきりとしたシステムだと言えるでしょう。それらは、「世界全体を主宰する一個の存在（神）があって、それが創造から破壊までを一手に引き受けている」という比較的簡単なチャートをもっています。個々の人間の倫理的な生きざまは、この存在との関係で評価されます。教理的にも組織的にも複雑多様なヴァリエーションがありますが、それらのすべてが聖書とかコーランとかといった一冊の本を淵源としている、と主張できる建て前となっています。

もっとも、ほんとうは、紙に書いた記号だけでは何も生み出すことはできないはずです。そうした記号を解釈するためのノウハウの蓄積、解釈を実地に応用できるようにするための訓練のテクニック、それらを支える教育的組織あるいはヒエラルキー、つまりひとかたまりの伝統が存在していなければなりません。

逆に言うと、言語的なものも身体の所作や生活スタイルもひっくるめた伝統の広大な「海」があって、そうした海のエッセンスだと主張されるものとして、紙に書かれた聖典があるわけです。だからこの海のほうを見ると、けっして単純なものではありません。しかし、この紙に書かれたもののほうを見ると——なんせポケット版六法全書くらいの大きさにまとまるのですから——いたってコンパクトなもののように見えます。

ある意味で、キリスト教やイスラム教などは、ほんとうは複雑な伝統であるにもかかわらず、よそ者に対してみずからの「要点」をかいつまんで説明しやすくなっているような、二重性をもったシステムであると言えるかもしれません。天地創造の神がいて、救世主がいて、聖書があって、教会があって、礼拝があって……と順ぐりに説明していけば、五分間でキリスト教入門コースは終了します。ほんとうはそれだけでは何もわからないのですが、わかった気にはなれます。

こういうのに比べて、仏教だの神道だの儒教だのヒンドゥー教だのというのは、早わかりにわかった気になるのが比較的難しい伝統だと言うことができるでしょう。仏教などは、そもそものホトケが何なのかが容易に説明できません。カミサマのような人間のような……。それもいったいどれだけの数のホトケがあるのか、東大寺の大仏、阿弥陀如来、釈迦如来のうち、どのホトケがいちばん偉いのか、誰に聞いてもわからない。死んだら輪廻転生するのか、極楽に行くのか、輪廻なんかどうでもよくて、ただ座禅していればいいのか、人によって話が違います。それどころか、中国人も韓国人も日本人も、伝統的に、ホトケ、カミサマ、孔孟、老荘、それに親様、御先祖様、皇帝やら大君（タイクーン）やらを、全部ひっくるめて拝んできたということがあります。儒教と道教と仏教と神道の区別だってあやしいかもしれない。こういう中心のはっきりしないリゾーム状のネットワークとしてしか、極東の――そしてインドの、あるいは世界各地のいわゆる多神教地帯の――精神状況は記述しようがありません。（ついでに言えば、「宗教」か、「習俗」か、はたまた「政治」かの区別についても、誰にも確定的なことは言えません）。

キリスト教などの一神教と東ユーラシアの伝統との違いをたとえて言うならば、西洋クラシック音楽と、インドや中国や日本や沖縄などの「東洋音楽」との違いですね。西洋音楽であれ、東洋音楽であれ、ほんとうのところ、音楽そのものは、広大な海のようなものです。音、音を聞く耳、音を奏でる楽器、楽器をあやつる人びとを訓練する伝統……そうした膨大な要素の複合体として「音楽」というものがある。

しかし、西洋音楽については、システマティックな楽譜に一曲の要点をまとめて書き表すことが容易であり、そのため「楽譜が音楽だ」と勘違いすることもできちゃいます。聖書がキリスト教だと勘違いできるように。

ところが、東洋音楽は楽譜に整理できない要素が多く、奏でるほうも、聞くほうも、毎日の暮らしのなかでだんだんと習い覚えていくしかないようなところがあります。そして〇〇流という流派に属する演奏家は、ふだんの生活からまるごとその芸事の世界につかっているのが本筋でした。そういう意味で音楽と生活とのあいだに線引きができない。ちょうど東洋においては「宗教」と「ふだんの生活」との線引きが難しいのと同様です。

キリスト教徒であろうが、イスラム教徒であろうが、あるいは中国や日本の大多数を占める「多神教徒」であろうが、伝統的規範と習慣の海を泳いでいるという状況に違いはないはずです。そうした海にどっぷり浸りながら、正しいとされるものを身につけ、道徳的にふるまい、目に見えない精神の動き、社会の動向、そして死後の運命について思いをはせたり、何かの練習にはげんだりして暮らしています。

ただ、そのなかにあって、キリスト教徒やイスラム教徒は、比較的明瞭にみずからを語ることのできるシステムをもっているのであると。

このような次第で、「一神教」については比較的語りやすく、「多神教」については比較的語りにくいのです。建て前は語りやすく、本音は語りにくい、理念は図式化しやすく、現実はからだで覚えていくしかないという事情が、ここには絡んでいるわけです。

11

建て前としての仏教

三大宗教?

一神教は建て前として語りやすいと述べましたが、東ユーラシア産の宗教としては仏教と儒教が比較的建て前的に語りやすいと言えるでしょう。仏教は釈迦が、儒教は孔子が創めた宗教です。単一の個人が始めた伝統ですから、(イエスに由来するキリスト教やムハンマドを創始者とするイスラム教と同様に)原点に帰って基本的教理を説明していけばよろしいからです。

俗に「世界三大宗教」という言い方があって、キリスト教、イスラム教と並んで仏教が挙げられています。これを聞いて奇妙に思う人もあるようです。——統計表を見ているかぎり、仏教徒を公言しているタイ人やチベット人などの人口を足し合わせてもそれほどの人数にならない。ヒンドゥー教徒の何億人という数に比べて見劣りがするのに、なんで「三大宗教」のうちに仏教が入っているのだろうか?

「仏教徒」の数をどう数えるかは難しい問題です。日本人なんかは建て前上はどこかの寺の檀家に属することになっています。そういう調子で数えていけば仏教徒の総数はかなり多いはずです。中国人だって儒教・道教・仏教を併用して拝んでいるからです。とはいえ、はっきり自覚的に「仏教徒」である人となれば、いわゆる仏門に帰依して山に篭っているとか、創価学会のような檀家の宗教団体に属している人のことになりますから、数はかなり減ってしまいます。キリスト教のようにもともと教会の組織力が強い宗教と違って、何をもって「仏教徒」となすかはけっこう曖昧なのです。

しかし、ここで私が言いたいのは信者数の単純な比較の話ではありません。三大宗教に仏教が入れられている背景には、西洋における宗教研究の歴史があることを指摘しておきたかったのです。

というのは、こうです。

もともとヨーロッパ人はキリスト教、ユダヤ教、イスラム教のことしか知りませんでした。あとはワケのわからないものを信じている「異教徒」の世界です。この異教徒のなかにインド、東南アジア、中国、日本を含む「東洋」が漠然と含まれることになります。しかし一九世紀にもなると、ヨーロッパの知識人はキリスト教の影響から離脱するようになっており、東洋の宗教をもうちょっと客観的な目で眺めようという気運が高まっていました。こうしたなかで、キリスト教などに匹敵する高度な「思想」内容を含む宗教として、仏教が発見されたのです。

神の絶対的権威なるものをうざったく感じていた知識人にとって、ブッダが説いたような、穏やかに教え諭して修行者を解脱の道へと導く「人間的な」教えというのは新鮮なものでした。

ブッダは医者のように人間を観察しています。すなわち、(一) 人間世界の状況の本質を「苦」であると診断し、(二) 苦の原因は執着であると言って病因を特定し、(三) 苦の消去は可能であると回復のヴィジョンを提示し、(四) 苦を超克していく実践的な治療のプロセスをあきらかにしています

（この四つを漢字で表すと、苦・集・滅・道となります。集は苦の生起を、滅は苦の消滅を、道は苦の消滅のプロセスを表します）。穏やかで理性的な、かつ実践的な宗教！　これが西洋の知識人の目に映じた仏教の姿です。

キリスト教、イスラム教に加えて仏教を並べることにさいしては、ヨーロッパの知識人にとっての格別な思い入れがあったかもしれません。というのは、ブッダを含む古代インド人をヨーロッパ系民族と結びつける新たな学説が登場したからです。それは比較言語学です。一九世紀にはインドの言語がヨーロッパの言語の近縁であることがあきらかになりつつありました。「インド＝ヨーロッパ語族」という言葉をご存じでしょうか？　これはヨーロッパの諸言語（英語、ドイツ語、フランス語、ロシア語、ギリシャ語等々）もインド周辺の諸言語（ヒンディー語、ベルガル語、ペルシャ語等々）も含む広大な言語ファミリーです。*

＊　ヨーロッパの言葉とインドの言葉が近縁だなあ、というのはシロウト目にも感じることがあります。たとえばヨーガという言葉は英語のyoke（牛にかけるくびき）と関係があります。yogaとはもともと家畜を「つなぐ」という意味の動詞から派生した言葉であり、いわばチヂに乱れる心を一つに「つなぐ」のがヨーガだったわけです。

ヨーロッパ人と近縁の民族が、「仏教（ブッディズム）」という理性的な宗教をつくったのだ！　この思いはヨーロッパ知識人の民族意識をくすぐりました。それは同時にイスラム教に対するヨーロッパ人の伝統的な対抗意識を強化するものでもありました。

こうしてみると、西洋人が理念的に考えているブッディズムには、あやしげな民族意識（ヨーロッパ民族至上主義）の影がチラつきます。しかも、彼らの抱く仏教イメージには、あくまでも理性的な、高度に哲学的な――つまり知識人好みの――教説だという、妙な買いかぶりがあるのです。

以上のようなわけで、「世界三大宗教」という言いまわしには、ある種の偏見の歴史が隠されています。それは高度な知的教理としての宗教を「大宗教」と考えるインテリ型偏見です。ですから、より土俗的なカタチのほうが目についたヒンドゥー教も道教も神道も、「大宗教」の内に入れてもらえないのです（たんなる処世術のように感じられる儒教にいたっては、そもそも宗教の仲間に入れてもらえません）。

釈迦の実践

さて、仏教の開祖、ブッダ（釈迦）とはいったいどういう人だったのでしょうか？　そもそも名前はブッダなの？　シャカなの？

お釈迦様の本名はゴータマ・シッダッタです。ゴータマ（ガウタマともいう）が姓で、シッダッタ（シッダールタともいう）が個人名です。今のネパールのあたりにあった小国の支配階級の生まれです。この小国の民族名が「釈迦（シャーキャ）」です。シッダッタはのちに悟りを開いて有名人となり、「釈迦牟尼（しゃかむに）」すなわち釈迦族の聖者と呼ばれたという次第です。なお悟りを開いた人のことをインドの言葉で「ブッダ」と言います。ブッダとは一般名詞であって、悟りを開けば誰でもブッダです。ブッダを漢字で書くと仏陀となります。ブッダを意訳した漢語は「覚者」です。ほかに「世尊」という称号も、「如来」

という称号もあります。ちなみに「ほとけ」という日本語は、「ブッダ」の音写の一つである「浮屠」に「け」という接尾語（気かもしれないし家かもしれない）がついたものから来ていると言われています。

古代インドではバラモン教と呼ばれる宗教が信じられていましたが（これについてはあとのヒンドゥー教の章で見ていきます）、シッダッタが生まれた紀元前五世紀ころには、だいぶ伝統のタガがゆるんできて、さまざまな自由思想が提唱されていました。「六二種」もの異なる思想が飛び交っていたと言われています。そのなかには道徳など無意味だという過激思想もありましたし、人間が努力したとて救いにありつけないという運命論もありました。人間は地水火風の四元素からなるにすぎぬ空虚な存在だとする唯物論もありました。どうせ真理なんて見つからないという懐疑論もありました。

大雑把にいって、宗教とか道徳とかといった殊勝な精神的努力を無意味なものとして軽視する傾向が強かったようです。伝統が崩壊した時代にはしばしばそういうことが起こります。伝統が続いているあいだは、ただその伝統に乗っかってラクなように生きていればいい。しかし、いったん伝統の権威が薄れ、何をやるにも理屈をひねくりださなければならなくなったらたいへんです。だって、考えれば考えるほど物事の根拠というのは見つからなくなるものだからです。総じて懐疑的な風潮が強くなりがちです。

釈迦が活動したのは、そのような知的雰囲気のなかにおいてです。みんな理屈を考える。理屈を考えていけばだんだん抽象的な思考に走っていく。そのあげくに何も根拠が見つからなくなって、実践的行動を生み出すことができない。思考の袋小路です。――釈迦が乗り越えようとしたのは、まずはこうした抽象思考であったように思われます。

たとえば、仏典を開くと、つぎのような話が載っています。

ある弟子が、釈迦の教説を聞いたあとで、自分なりにいろいろと考えてみました。しかし、どうも納得がいかないところがある。お師匠様は、たとえば世界は永遠なのか永遠でないのか、死後にも人間は存在しているのか存在していないのか、そういった肝心な宗教的な話をしてくれない。これはどういったことであろうか？　ひょっとしてお師匠様も知らないのであろうか？　気になったこのお弟子は師匠に直接尋ねてみました。すると釈迦はこう答えました。そんなことが気になって修行を中止しているようでは、お前さんはその答えを得る前に死んでしまうだろう。

続けて釈迦はこの弟子に譬え話を聞かせます。——ある人が毒矢に当たった。友人が彼を医者に連れていった。ここでもし、矢に苦しんでいる当人が、この矢を射た人間が誰なのか、どんな弓で射たのか、およそそういったことをまず知りたい、それがわからないうちは治療どころではない、と言い張ったら、その人は答えを得る前に死んでしまうだろう。

お前さんの言っているのもこれと同じだ。世界が永遠なのか永遠でないのか、死後にも人間は存在しているのか存在していないのか、それがわかってから修行をするんだなんて言っても無意味だとは思わないか？　それの答えがどうであろうと、老いも苦も死も消えてなくなるわけではない。私たちは無意味な答えを出すために修行しているのではない。そうではなくて、現実の苦を脱するために修行しているのだ。だからおよそそういう問いには私は答えないのだ。それは修行の土台とならない。私が説くのは苦・集・滅・道という治療のプロセスだけだ。

釈迦のこうしたドラスティックな実践主義は、なるほど、自由思想が吹き荒れて物事の方向性が見えなくなった時代には、ひどく新鮮に聞こえたことでしょう。釈迦のロジックはまさに、観念的な理論や哲学とは対極的なところにあります。釈迦は新たな「神学論争」をするために仏教を開いたのではなく、「神学論争」をしなくてもすむようにするために仏教を開いたのです。

釈迦のロジックは、「神学論争」から離れているという意味で「反宗教的」なものに感じられるかもしれません。事実、釈迦は死後の生については何も説かないと宣言しているのです。死後について教えてくれるのが宗教だという私たちの常識からすれば、こうした教説は非宗教的です。

しかし、こうも考えられます。理屈よりもまず実践だ、という釈迦の主張そのものは、まさしく宗教的なものではないのか？「考えているヒマがあったらまず走れ」というのは「反哲学的」です。そしてこれは「つべこべ言わずにカミサマの言うことを聞け」という宗教にむしろ近いものだと言えるでしょう。

釈迦が弟子に提供しているのは、救済のための実践です。苦の海のなかでどう行動したらよいか判断がつかなくて困っている人間に対し、具体的に苦を乗り越える心理的・身体的テクニックを提供しているのです。実際これはキリスト教会が信者にキリストによる救いを提供しているのと似ています。

――理屈はどうでもいい。まずは十字架に祈ることである。すると救いが訪れるだろう。あるいはミサに与ることだ。すると救いが訪れるだろう。叩けよ、さらば開かれん……

では、釈迦が編み出した救済の実践的テクニックとは、どういうものだったのでしょうか？これについては「中道」という言葉が知られています。つまり精神・身体をいじめるような苦行でもなく、といって精神・身体を甘やかすような快楽でもなく、ほどよい道を歩むということです。ほどよい、と言ったって、そのほどよさがわからないわけですが、ようするに極端から極端へと走りがちな人間の理屈や習慣の毒をできるだけ飲まないということです。結局それは、人里離れた森の中とか、樹木の下とかで、煩悩を断つ瞑想行のようなものだったようです。戒律的には、殺しはよそう、盗みもよそう、エッチなこともよそう、嘘もよそう、酒もよそうと五種類の努力目標（五戒）が設けられています。

禅の師匠は、釈迦のこうした実践的テクニックの本質をそのままに受け継いでいると主張します。禅宗では、ようするに座るということをやる。座禅です。なんで座るの？　座ってどうなるの？　どういう理屈があるの？　と問うてもダメですよ、ただ座りなさい、と言われます。道元さんはこれを只管打座（しかんたざ）（ただひたすら座ること）と表現しました。

仏像には立っているものもありますが、座っているものが多いですね。禅僧の姿であれ、タイやスリランカのお坊様の姿であれ、とにかく、仏教というと座っているイメージがあります。ある禅宗の学者は、これをタイフーンやサイクロンが吹き荒れるモンスーン・アジア地帯のトラブル回避法だとおっしゃっています。私は沖縄の人から聞いたことがあるのですが、当地ではとんでもない台風が吹き荒れます。そんなときはジタバタしても無駄である。家のなかでジッと座って時が過ぎるのを待つしかない。不安であり、苦痛であっても、やり過ごすしかない。不安や苦痛に呑み込まれることそのものとの戦いです。沖縄にかぎらず、モンスーン・アジアの人びとはだいたいそんなふうにして苦が通り過ぎていくのを待っていたのかもしれません。

新たな展開

さてさて、仏教の歴史はなかなか複雑です。そもそも仏教教団は釈迦の実践的修行集団として出発しました。釈迦が生きているあいだは、釈迦その人の姿が弟子たちの究極目標です。このお釈迦様がブッダ（悟った人）そのものなのです。しかし、釈迦が死んでしまったら、次世代以降の弟子たちにとっての努力目標は、現物の人間の姿ではなくて、頭に思い描いた姿にならざるをえません。つまり修行者たちは、理念化されたブッダのイメージを目標として日々修行に励むことになりました。こうしてブッダの「神格化」が進行していきます。ですから、もし教団内にどんなに立派な先輩がいたとしても、その人が完成された人間像すなわちブッダそのものだと言われることはもはやなくなったのです。

ブッダが理想化される一方で、ブッダという言葉そのものは普通名詞（「悟った人」）ですので、概念上、かぎりなく広い宇宙のどこかにはブッダがいるのだろう（それも複数いるのだろう）ということになります。目の前の人間は、たとえどんなに立派な人間であってもブッダではない。しかしブッダは宇宙中に多数いるはずだ、となると、だんだんブッダは多神教的なカミサマに似たものになっていきます。仏教の宇宙像は多神教的な世界観に近づいていきました。

また、教団の修行者たちは一生懸命修行に励みつづけておりますが、彼らは世俗の人間たちとは一線を画すエリート集団だということになります。世俗の人間たちの救いは、理屈上、彼らには無関係です。しかしこれを「自分たちだけが救われればよい」という考えだとしてみると、エリート修行集団というのもけっこうエゴイストだなあ、ということになります。

世俗社会に生きる普通の人間にだって救済される道はないものだろうか？

この段にいたって、仏教はキリスト教的な「大衆救済宗教」へと変貌しはじめるのです。出発点の釈迦の苦の理論の焦点がどこにあったにせよ、あるいは彼の編み出した修行法の焦点がどこにあったにせよ、仏教は大衆化の道を歩みはじめます。世俗の人間でも、たとえばブッダを拝むとか、仏塔を建てるとかといった敬虔な行為を行なうのであれば苦の連鎖から救済されるという、大衆型の救済宗教が派生的に発展していきました。このような改革仏教の提唱者らは、自分たちの運動を「大乗（マハーヤナ）」と呼びました。みんなが乗れる大きな乗り物ということです。

般若経とか、法華経とか華厳経とかといった経典が編まれたのはこの大乗運動の最中です。これらの経典のなかでは、スーパーマンかカミサマのような無数のブッダが宇宙的に広大な舞台のなかで説法をしたり神通力を発揮したりしています。こうした超越的ブッダの姿はもちろん修行者たちのヴィジョンが生み出したものであって、歴史上の実在人物としての人間シッダッタの現実の暮らしとは関係がありません。

この大衆宗教化した仏教（大乗仏教）は、シルクロードを経由して中国、朝鮮、日本に広まりました。一方、古くからの狭い修行者集団の伝統を受け継ぐ宗派（上座部仏教）はスリランカ、ビルマ、タイ、カンボジアに広まりました。それぞれ用いている経典とか、修行の方法とか、修行者と世俗の人との関係とかに違いがあります。

このように、西暦紀元前後から仏教がどんどん外国に輸出され、仏教文化圏が東ユーラシア全体に広がっていったわけですが、その間にも、インド国内における仏教の姿はどんどんと変容してゆきました。

そもそも仏教をとり巻く環境が変化しつつありました。古代バラモン教以来の民間の信仰が勢力を盛り返してゆき、それが今日ヒンドゥー教と呼ばれる固有の多神教として発達していったのです。仏教はメジャーの座をヒンドゥー教に明けわたさざるをえませんでした。そうしたなかで、仏教もまたヒンドゥー教に似たものになっていきます。密教と呼ばれるきわめて彩りゆたかな多神教的な信仰形態が発達してゆき、これがチベットやモンゴルに伝わりました。（また中国に伝わったものを弘法大師空海が日本に持ち帰り、高野山を開山し、真言宗を開きました。真言宗とチベット仏教はともに密教に属する仏教です）。

その後インド国内では仏教は滅びます。ヒンドゥー教の哲学のなかに影響を残しながら、仏教は完全にヒンドゥー教の海のなかに没したのです。今日のインド人に言わせれば、インドの伝統の全体がヒンドゥイズム（ヒンドゥー教）なのであって、仏教というのはそのなかの一時的に大流行した教派だということになります。それはそれでもっともなことかもしれません。

12

変容のプロセス——仏教いろいろ

新たな系譜

大乗仏教というのは、仏教が大衆化して生まれた救済宗教だと申しました。「大衆化」というのは、たとえばこういうことです。法華経という大乗仏典には、子供が戯れに砂を集めて仏塔を作ったとしても、それで究極的にはブッダになれる道が開けると書いてあります。つまりエリート集団がやっているような修行よりも、まずは信仰だ、ということです。

信じる者は救われる!

一般にインド人は輪廻を前提にものを考えています。それによれば、人は自分の現在の人生の前に、幾度も幾度も人生を送っております。さて、自分ではすっかり忘れているけれども、過去のどこかの生ですでに超人的修行者としてのお釈迦様の教示を受けていたのだとしたらどうでしょうか? そしてある日そのことに気づくのです。そうだった、お釈迦様は自分の父のような存在であった! そう思ったとたんに、自分が究極的には救われていることを悟ります。救済は必然的だ! 自分は釈迦ファミリーの一員なのだ。だとすれば私は他人に善行を施し、他人に救いの必然性を気づかせるように頑張りたい。人類は皆兄弟。お釈迦様だって、今もなおガンジス川の近くの古都の小山のてっぺんで捻り鉢巻して説法をしつづけているんだ。人間はみな一人じゃない、宇宙史を縦断する救済のプログラムのなかで生きているんだ……

法華経パワーをこのように描くのは私の小説的脚色ですが、法華経信仰には何かこのような、新宗教にも似た熱気がこもっていたと考えられています。現代の日本でも、法華経信仰というのはたいへんエネルギッシュです。立正佼成会や創価学会ばかりではありません。エキセントリックな詩人、宮沢賢治もまた法華経の信者でした。

紀元前数世紀という昔に少数集団の宗教として誕生したユダヤ教は、紀元後まもなくキリスト教という新しい大衆運動を生み出しました。それはキリストによる救済を信じる者たちの運動でありました。他方、インド亜大陸では、紀元前数世紀に釈迦のプログラムにしたがう修行者集団としての原始仏教が誕生し、それがキリスト教誕生と同時代に大乗仏教という新たな救済宗教として変容をとげていきました。

ユダヤ教においては、古代からの戒律と儀礼を守ることのうちにユダヤ人としてのあるべき道があります。それをキリスト教徒は神との「古い契約（旧約）」と見なし、キリストの信仰によって契約は更新されたのだと考えました（新約）。もちろんこれはクリスチャンの側の勝手な解釈であって、ユダヤ教徒にしてみれば、自分たちの宗教活動が契約切れになったことなど一度もありません。ユダヤ教とキリスト教は系譜的にはつながっていますが、それぞれ違った歴史解釈をしています。こうした解釈のずれによって、新しい宗教が誕生します。両者を無理に整合的に考える必要はないでしょう。ずれているものはずれているんだ、というふうにわりきって捉えて、何も悪いことはありません。

同様に、原始仏教教団とそこから派生した大乗教団とのあいだには、系譜の一致と内容のずれがあることを認めてもよいと思います。同じくブッダを称えていても、伝統的教団では釈迦一筋でやっているのに対し、大乗教団は無数のブッダが林立する神話空間のなかに生きています。原始教団を引き継ぐ現在の上座部仏教（スリランカ、ビルマ、タイなどの仏教）と、大乗運動の延長上に現れた中国や日本の大乗系の諸宗派とのあいだには、さまざまな違いがあります。いずれも解脱を目標に置く点において共通項がありますが、それはユダヤ教とキリスト教とが神を共有しているのに似ています。

インド的脳髄

宗教というのは、時代によって、受け皿である人びとの生活のあり方によって、社会の違い、階級の違い、教養の違いによって姿を変容させていきます。仏教というのは、姿を変えていく度合いの比較的大きな伝統だと言えるかもしれません。原始仏教と大乗仏教との違い、インド仏教とタイ仏教と中国仏教と日本仏教の違い、法華経信仰と阿弥陀信仰と密教と禅宗の違い、と、実践の形態や教理の形態がけっこう異なっているのが目立ちます。

インドで発展した仏教の形はとにかく気が長く、イメージが奔放で、かつ理屈っぽいものです。たとえば大般若経という百科事典三冊分ほどもある巨大なお経では、えんえんと同じような理屈っぽい話をくり返しております。中国人であればその百分の一の長さで十分だと感じるでしょうし、日本人なら一万分の一でも放り出しそうです。修行者が実践の場で念じるお経についてもそんな調子ですが、救済の論理を説いた哲学にいたっては、現代人にはほとんどチンプンカンプンな話をしています。

キリスト教の神学の場合もそうですが、古代の人たちが考えたことというのは、現代人の知っていることとは異なった知識を前提としているためか、今の目で見ると何を議論しているのかさっぱりわからないものが多いようです。今日の優れた仏教実践者で、古代の理論がすみずみまでよくわかるという人はほとんどいないと思います。

たとえば「空」というキーワードがあります。色即是空の空です。物質界には固有の実体はない、という意味です。実体がないということは、みな相関関係において成立しているということであり、これを「縁起」というタームで言いかえます。世界は空であり縁起である。で、空＝縁起であると知るということは、実践的には執着を超えるということであって、これは「無我」というタームで捉えられる。で、結局、この無我がわかれば完全に悟ったことになり、それが「涅槃」ですが、じつはこの涅槃もまた「空」なのだ、と。

そう言われたって、具体的にそれが何を意味するのかわからないではないか！　もちろん、これがわかるためには修行が必要になるのですが、この空をめぐるロジックは、詳細に展開されるとき、ますますわからないものとなります。「実体としての作者が実体としての行為をなすことはない。作者は、実体でないときにも、実体でない行為をなすことはない。作者が実体であるときには、作用は属しない。しかして作業は、作者なきものとなるであろう。作業が実体であるときには、作用はない。しかして作者は、作業のないものとなるであろう。もし実体でない作者が、実体でない作業をなすとすれば、作業は原因をもたないものとなり、作者も無因生のものとなるであろう。因がないときには、結果の業も、動力因としての作者もないことになろう。それらがないときには、作用と作者と作具も存在しない。作用等がないときには……」（筑摩書房『大乗仏典』「中論の頌」より）。およそこういった調子です。

これを読んで私たちにわかることは、なるほど今日のインド人がコンピュータ方面で才能を発揮しているのももっともだわい、というあたりでしょうか。さすがゼロを発見したインド人はすごい！中国や日本の坊様がこういうロジックを詳細にわかったうえで仏教のお店を開いていたとはちょっと考えにくいです。

宗教というのは面白いもので、結局のところ理論ではない。キリスト教でも、神学理論を語る者がいちばん偉いわけではない。実践の場面で活動する人や修道士のほうがほんとうは偉い。修道士も神父さんも神学者もおたがい協力してやっているわけですが、実践者がかならずしも論理を理解しているわけではない。また、ある論理がかならずしも時代を超えてロジカルな威力を発揮しつづけるわけではない。古い時代に問題になった複雑な神学論争も、後の世には問題でなくなっていることが多いものです。古い神学論争が完全にロジカルに解決されたわけではなくても、後の時代の人が関心を示さなくなるというのはよくあること。古いロジックを敬して遠ざけつつ、新たな時代の人びとは新たな実践に励んでいるわけです。

中国へ

大乗仏教は中国に伝えられました。インドや西域の仏教徒がアフガニスタンの急峻な山脈を越え、タクラマカン砂漠を越え、悪路と距離と酸素不足と砂嵐と追いはぎと地域紛争とを越えてはるばる中国にやってきたのです。中国人だって、もっともっとお経が欲しい、原典が読みたいと思ってえっちらおっちら天竺（インド）をめざして四千キロ以上の徒歩の旅に出ました。お経を求めてインド留学したので有名なのは玄奘三蔵ですね。西遊記の三蔵法師です。サル、ブタ、カッパの従者を連れて龍馬に乗って旅に出たはいいけれど、いくらこのおサルさんが神通力を発揮したとて火焰山だの女人国だの何だのと難所は多く、金角大王・銀角大王とか牛魔王とか危ない連中が大勢控えていたのですから、三蔵法師の冒険旅行もたいへんだったことがうかがえます。

かくして大量の仏典がもたらされ、インドの言葉から漢語にすっかり翻訳され、今日見る漢訳仏典としての法華経だの華厳経だのが成立しました。

しかしお経があるだけでは、教理はわかりません。渡来した僧侶やインド留学生はそれぞれに教理を体得していたでしょうけど、全体像は混乱したままです。お経をつぶさに読んでいくと、書いてあることも矛盾しています。そりゃそうでしょう。何百年もかけてとっかえひっかえ書き手を変えていった種々雑多な文献のアーカイヴズなんですから。

インドの仏教徒はすべての経典をお釈迦様がじかに語ったものとして記述しました。一種の文学的形式として、すべてのお経は、お釈迦さんの説法を弟子が聞いて書き取ったということになっているのです。歴史的事実としては文書偽造に相当するわけですが、そこはそれ、宗教上のレトリックです。

しかし中国の仏教徒としては、これを全部お釈迦様みずからの説法の記録だと理解せずにはいられません。ずいぶんたくさん本を書いたな、と感心したことでしょう。でも、なんせ仏様のことだから、一日に二四〇時間くらいは説法を続けていられたのだろう、と想像したのだと思います。

中国の理論家たちは、混乱した仏典を整理して、説法が行なわれた順番を再現し、教理の要点を抽出することに努力を傾けました。たとえばこんなふうな整理が行なわれました。

――釈迦はまず、悟りを開いて華厳経というとんでもなく深遠なお経を説いた。しかし誰も理解できなかったので、急にレベルを落として弟子たちを初級コース・中級コース・上級コースと段階を追って指導することにした。最終段階で般若経のような大学院レベルの高度な論理も学ばせたのち、最後の種明かしとして法華経を説いて、涅槃に入った。仏典のレベルが原始的で即物的なものから哲学的でヴィジョナリーなものまで多様であるのはそのためである――

この説によれば、いちばん偉いのは法華経ということになっています。

日本での展開

中国でも、日本でも、仏教受容はまずは異国のエキゾチックなカミサマの輸入として始まり、ついで複雑怪奇な救済理論の学問的研究対象として受け入れられ、最後に土着化して定着していくというプロセスをとっています。中国では天台宗、律宗、華厳宗など、さまざまな学問的宗派が成立したのち、八世紀にはインド発最新モードとしての密教が流行りだします。そのあとはしだいに浄土系の信仰が主流となっていき（阿弥陀仏の極楽浄土を希求する宗派です）、もっぱら座禅をこととする禅宗も盛んになったのち、宋の時代以降はあまり教理上の新展開は見られなくなります。むしろ仏教は伝統思想と相互交流を起こすようになり、儒教・道教・仏教の混在として描かれる現代の信仰習慣が定着してゆきました。

日本の仏教受容については、中学や高校の日本史の授業によってよく知られています。最初はおもに天皇家が国家体制の強化のために輸入しました。「鎮護国家」が初期日本仏教の合言葉です。「七一〇（なんと）りっぱなへいじょうきょう」のフレーズで有名な奈良の都には、国家の指導で多くの寺院が建造されました。それらは今で言えば大学のようなものであり、エリート学生が宗教哲学を勉強する研究機関だと考えればよいでしょう。「南都六宗」という六つの宗派（倶舎宗、成実宗、三論宗、法相宗、華厳宗、律宗）があるのですが、この場合の「宗派」というのは社会学、心理学、人類学といったような学問上のネーミングのことです。たとえば倶舎宗というのは「阿毘達磨倶舎論」というインドの教理書を研究し、三論宗は先に紹介した「空」をめぐる哲理を書いた論文を研究しております。お寺で言えば、法隆寺や薬師寺などは法相宗を、東大寺は華厳宗を、唐招提寺は律宗を専門とする学校でした。

興味深いのは、仏教界がお上が独占する哲学研究所のような様相を呈していた時代に、行基と呼ばれる民間の坊様が全国を巡ってゲリラ的に活動し、庶民の救済に努力していたことです。お上としても行基の人気を無視することはできず、官営の土木工事や東大寺大仏建立の協力者に任命したほどでした。彼がおもに行なったのは灌漑用のため池造りや、橋造り、あとはチャリティーによる貧窮者救済です。こういう人が日本という風土における仏教の定着の礎を築いたのでしょう。

学問をやっている人間のなかからも、改革者が現れました。南都六宗に欠けているものを新たに中国から輸入した二人の留学僧です。そのひとり、最澄は天台宗をもたらし、比叡山延暦寺を開きます。

彼は法華経を中心にすえるシステムを奉じ、日本における法華経人気のベースを築きます。のちに親鸞や日蓮など新宗派を興した人たちの多くがこの伝教大師最澄の開いた延暦寺で勉強しています。

空海は中国最新流行の教えであった密教をもたらし真言宗として高野山金剛峰寺を開きます（最澄もまた密教を輸入しています）。空海は天才肌の人であり、彼の活躍ぶりは伝説的です。行基に似て各地に土木事業などを興していますが、民間での救済の実践に熱心だった人です。この人が中国から持って帰った密教は、曼荼羅と呼ばれる仏様一覧図の前で護摩を焚いたりする魔術の香りのする宗派です。この宗派は天地自然のエコロジカルな還流に敏感なところがありますが、そもそも空海は留学以前に日本の山野で修行に励み、独自的に密教的思想を深めていたとも言われています。

密教の有難いのは病気平癒や悪霊退散など、個人的救済の儀礼を行なってくれることです。密教の人気によって、仏教が日本の個々人の心に染みわたっていったのかもしれません。また日本土着の山岳信仰である修験道を特色づけている儀礼も密教のものです。

源信という人物は『往生要集』という本を書いて輪廻、とくに地獄の様子をディテールにわたって描写しました。これはコワイ。コワイ世界から私たちを救うのは、優しい優しい阿弥陀様のおられる浄土の世界を念ずることです。かくして浄土教なるものが流行しはじめました。インドの仏典の記述によれば、宇宙にはたくさんの独立世界がありますが、西方極楽浄土というところには阿弥陀仏がいらっしゃって、ここに生まれ変われば、なにせ「極めて楽な」世界ですから、現世のような罪にまみれることなく無事に救済の道へとコマを進めることができます。

平安末期から鎌倉にかけては日本仏教の転機の時代です。一種の「宗教改革」ですね。日本に輸入され、定着の図られた仏教なる知的システムは、インド以来の歴史の蓄積と文化の翻訳の過程によって高等数学のようなものとなっておりました。あまりにも教理が難しく、また救済の手順がややこしく、一般民衆にとってはチンプンカンプンであるばかりか、救われたくても正規の手続きにしたがった修行をやっている暇はありません。宗教というものにはマッチポンプのようなところがあり、救済されないと地獄行きですよ、と言っておいてから、さて救済の切符の手配は私どもにお任せください、というのだから、まるで香具師の口上です。しかもその切符の入手にはとんでもなく難しい手続きを踏まなければならないものだとしたらどうでしょう？　生活に忙しくて修行なんてやっている暇のない庶民にとっては迷惑な話です。

庶民の救済に関しては、新旧のさまざまな宗派がそれぞれなりに努力を傾けましたが、高等数学なみの複雑な教理については、鎌倉時代前後の新宗派によるシンプル化が際立っています。法然、親鸞、一遍の浄土信仰、日蓮の法華経信仰、栄西や道元が中国から新規にもたらした禅宗、これらはいずれも、高等数学なみの膨大な教理や複雑煩瑣な儀礼をすっ飛ばすものでした。

こうしたシンプル化のなかには、実存主義的な様相を呈するものもあったようです。有名なのは親鸞の「絶対他力」の信仰ですね。人間は――というか自分は――どうにもならないほど業が深い（悪である）。愛欲も尽きず、名利も好きで、清浄な心なんて全然ない。救われるとしたらそれは自力によるものではない――阿弥陀様のほうで手配してくれているからにすぎない――のは当然として、信仰すらも自前のものではなくて、他力によるものである。ここでは徹底的に人間側からの作為が排除されています。

鎌倉新仏教のシンプル化のエフェクトとして、「救われない⇒救われる」「信じられない⇒信じる」という信仰のベクトル（⇓）の神秘が純粋に取り出されたと要約することも可能かもしれません。信仰の微分係数のようなものが抽出された。それが念仏（「南無阿弥陀仏」）であり唱題（「南無妙法蓮華経」）でありひたすらの座禅であった。これによって日本人の精神的負担の一部が軽減されました。インド以来の仏教哲学の重荷から解放されてしまった！

これは仏教土着化のブレークスルーであり、中世日本の精神世界の活性化でもあったと同時に、結局のところ、日本における仏教衰退の第一歩でもあったと言えるでしょう。だって、インド・中国伝来の重い重い権威があってこそ、人はそのシステムのなかでの救済の意味を考え、その可能性と不可能性をぎりぎりまで追究する緊張に満ちた自己反省を行なうであろうからです。いったんそれに理念上の解決がついたとなれば、あとに残るのは、精神の弛緩ばかりということにはならないでしょうか？

日本人の精神が全般的に弛緩したというのではありません。仏教教理のなかに昔の人が抱いたような罪と救済の緊張感を生み出すモーメントがなくなってしまったのではないか、ということです。*

＊　なお、天台宗などには修行なしの現実肯定の思想として「本覚思想」というものもありました。

江戸時代になると、幕府の方針によって日本人全員がお寺に帰属することになり、お寺の甍は土着の神々の鳥居とともに日本のなつかしい風景の構成物というあたりに収まってゆきます。今ではお坊様も肉食妻帯しています。お酒も飲みます。不動産も経営します。おもな仕事は、よく言われるように葬式ばかりです。

これをもって日本仏教は「堕落した」とよく言われますが、しかし坊様ばかりが堕落したかのように言っては気の毒です。日本の宗教のシステムが変わってしまったのです。もはや現在の坊様は過去の坊様と同じ職業についているわけではありません。仏教のロジックに現代人を震わすようなものがないとしたら、それは個々の坊様の個人的問題ではないのです。それにどのみち葬式をやってくれる専門家は必要でしょう。

日本では江戸時代末期から第二次世界大戦後にかけて、いわゆる「新宗教」と呼ばれる教団が活躍するようになりました。神道系の天理教や大本教とか、仏教系の霊友会とか創価学会とか、無数にあります。昔から熱い実践活動を支えていたのは庶民だということを考えれば、インテリの好まない新宗教こそが、近代日本宗教の主流派をなしてきたと言えるのかもしれません。だってインテリの好む親鸞さんの「善人なをもて往生をとぐ、いはんや悪人をや」がいかに人間の本質に迫った深い自己反省から出たものだとしても、善悪のなまなましい宗教的ヴィジョンが失われてしまった現代の文脈では、頭でっかちの「深い自己反省」以上のものにはならないだろうからです。

救済

おまけとして、ちょっと救済について考えておきたいと思います。

「宗教」あるいは「宗教的権威」のもっともストレートな形態としては、善と悪とをはっきり指定して、「神の戒律を破れば天罰が当たるぞよ」と言いわたすというスタイルが考えられます。天罰が下るより先に、違反者は社会から制裁を受けるかもしれません。これはこれで一個のシステムです。しかし、複雑化して混乱した社会においては、何が善で何が悪か解釈に困るという事態も発生します。利害の構造がややこしくなると、善かれと思ってやったことがめぐりめぐって悪い結果を生んだりすることがある。理想と現実のギャップに悩む個人に対し、みずからが犯してしまった悪を、あるいは悪を犯しうる存在としてのわが身を何らかの意味で「赦してくれる」権威というものが欲しくなります。いわゆる「救済」です。この「救済」を給付するのは、社会の複雑な諸相を超越した権威としての神仏だと考えられます。これもまた一個のシステムです。

さて、「救済」というのはあくまで解釈の問題です。解釈にはさまざまなヴァリエーションがあるでしょうが、たとえばこんなふうに考えることもできます。「自己」と「神仏」とが「救済」をもって結ばれるという構図がある場合、救済の受給者と給付者との役割分担を厳格に定めますと、人間の自力救済は原理上考えられなくなります。どんなに努力をしても、反省や罪滅ぼしをしても、人間は自力では赦しを買い取ることはできない（自分という人間はそれほどまでの「悪人」なのである）。他方、それにもかかわらず、あくまで救済が可能であるとするならば、それは給付者の側からの無条件的プレゼントでなければなりません。かくして「悪人」としての自己と「絶対者」としての神仏とが向き合うことになります。

太古の昔から自己分析に長けた人というのは存在したことでしょうが、現代の知識人もまた、しばしば悪人や「原罪」と救済とのパラドクシカルな関係におおいに興味を示します。* ともあれ、思考ゲームもさることながら、現実の営為も重要です。近代日本の救済宗教の活動としては、何といっても

「新宗教」の泥臭い営みに注目しないわけにはいきません。親鸞や道元に――そしてキリスト教神学に――由来する深遠な哲学的解釈も、病気治しや霊界通信に満ちた呪術的な新宗教世界も、それぞれなりに日本人の社会生活のあり方の形成に寄与してきたと言うべきです。

＊人間と神仏との対峙にかぎらず、宗教論においては、しばしば極端な対比や逆説的展開を語ることが好まれています。たとえば抽象思考を得意とする知識人にとって、人間的実存が一種の不合理性のなかにあることを指摘することは容易です。そのうえで、その不合理性が顕わになったものとしての「絶望」とそこからの不合理な「救済」とを語ることができます。かくして、日常性⇒究極的挫折⇒究極的展望という図式のうちに「宗教」の営みの本質を見るロジックが導出されます。たしかにキリスト教にはキリストの「死と復活」の物語があり、禅学には「大死一番、絶後蘇息」（死んでから再生する）といったレトリックがあります。弁証法的図式は信徒教育のカリキュラムとしては有効でしょう。とはいえ、修行者や信者のケアをする教師の立場を離れて、評論家がこうした図式を一般論的に語るのは妙なことでもあります。まるで論者自身は（世人と異なり）「挫折」を卒業した高みにあるかのごとくですから。また、どのみち世の宗教信者の九九パーセントはこのような抽象的ドラマとは無縁の人生を送っていることに注意しなければなりません。

13 インド人の宗教——ヒンドゥー教

先の章で、私はイスラム教は日本人にとって縁の薄い宗教だと書きましたが、観点を変えれば、日本人にあまり知られていないのはインドのヒンドゥー教のほうこそだと言うことができるかもしれません。インドと日本を結ぶ回線は仏教です。日本人は仏教を経由して（それも中国化された仏教を通して）インドの宗教に触れてきました。

しかし、前々章で書きましたように、仏教プロパーはインドでは千年も昔に消え去っています。仏教はインド亜大陸の複雑な伝統の海の一時期の潮流でした。大きな潮であり、現在でもさまざまな伏流となって海底を流れているかもしれません。しかし、ともかくもインドの伝統の海そのものを知るためには、むしろ今日「ヒンドゥー教」として知られるものを見ていかなければなりません。

キリスト教やイスラム教については、コンパクトにまとめられた建て前の部分を学習すれば、いちおうその「本質」を知ったことになります。仏教についても、ぜんぜんコンパクトではありませんが、開祖ブッダの生涯と教団の歴史を追っていけば、教科書的理解は果たせます。岩波書店には「岩波・キリスト教辞典」「岩波・イスラーム辞典」「岩波・仏教辞典」という有難い三大宗教辞典がそろっております。しかし、ヒンドゥー教や道教については、辞書的なレベルの情報は入手できません。なんとなくアンバランスな状態が続いています。

そういうわけでして、いま世界中で問題になっている、いわゆる原理主義や宗教的ナショナリズムなどの宗教復興の動向については、かえって中近東のほうがインド世界よりも基礎的な情報が得られやすくなっています。

知識というのは奇妙なものです。情報化時代とは言っても、世界中の情報が均等に集まってくるわけではない。学問の世界でも、メディアの世界でも、目立つもの、自己主張の強いもの、建て前のしっかりしているもの、図式的に整理しやすいものについては、どんどんとデータがたまりますが、もそっとウニャウニャした生理的世界については、なんとなく引っかからないままで通りすぎていきます。

そのような意味で、インド宗教は、少なくとも日本人にとって「サイレント・マジョリティー（沈黙せる多数派）」の状況が続いていると言えるかと思います。

古代アーリア人の世界

インド亜大陸の人びとの伝統的な生きざまを「インド流儀（ヒンドゥイズム）」と名づけたのがすなわち「ヒンドゥー（ヒンドゥ）教（イズム）」です。キリスト教にはキリスト、イスラム教にはコーランという中心点が存在しており、そこからパワーが発散する放射状組織として全体を理解することができます。しかし、ヒンドゥー教には起源の一点というものがありません。インド亜大陸の全体において自然（じねん）と湧き上がった戒律や習慣のネットワークとして存在しているだけです。時間的にも空間的にも無数のまだら模様から成り立つヒンドゥー世界のなかのいくつかの目につく部分を書き並べることで、理解のとっかかりとするしかなさそうです。

起源の一点はなくとも、やはりものを語るには「最初」から話していくのがよいでしょう。その「最初」はたいてい考古学上のインダス文明だとされています。エジプト文明、メソポタミア文明、黄河文明と並べられるインダス文明は、紀元前数千年というはるか昔の都市文明です。モヘンジョ・ダロなどの都市遺跡が残っていますが、この町の市民がどんな宗教をもっていたのかはあくまで考古学者の推理を信じるしかありません。文字が解読されていないので、神名もわかっていない。ただ、掘り出された印章のなかに、牡牛の角をもった神様らしきものが座禅を組んでいる図柄をもつものがあり、これは後世のシヴァ神に似ていると言われています。遺跡には浴場施設もあり、それも沐浴場だと考えることができます。シヴァ神を奉じて座禅や沐浴をする姿には、今日のヒンドゥー教徒を彷彿とさせるものがあります。まあ、日本で言えば縄文時代の話をしているようなものです。誰にもほんとうのことはわかりません。

起源説話の第二弾は、紀元前一五〇〇年前後のアーリア人の侵入です。今のアフガニスタンあたりの峠を越えて、はるか北西方からみずからを「アーリア」と呼ぶ民族がやってきたらしい。彼らの言語はヨーロッパ語と共通するものであり、もともとの故郷は――一説によると――今の黒海周辺だと言われております。

アーリア人の文化はインド亜大陸に強いインパクトをもたらしました。ヒンドゥー教にははっきりとした「中心」がありませんが、このアーリア文化が系譜上のカナメということにされております。インド亜大陸の宗教はアーリア文化からの派生物のように語られるのが慣わしとなっているのです。

それというのも、アーリア人たちは「ヴェーダ」と総称される宗教的文献を遺しているからです。ヴェーダ（veda）とは「知識」を意味する言葉です。英語の wise（賢い）、wisdom（知恵）、wit（ウィット）なども関係のある言葉です。インド＝ヨーロッパ語族なるものの血脈によって、古代インド語と現代英語はかすかにつながっています。

ヴェーダというのは、宗教儀式に用いる祝詞（のりと）のようなものです。古事記にはイザナギ・イザナミやら天照大神やらスサノオの尊やら、数多の神々が登場しますが、ヴェーダにも英雄神インドラ、火神アグニ、太陽神スールヤ、暴風雨神ルドラ、河神サラスヴァティーなど、数多くの神々が登場します。

一番人気はインドラという武勇神です。征服民族にとっての理想的英雄像とでも申しましょうか、戦車に乗る武人の姿をもち、ソーマと呼ばれるお神酒をしたたか飲んでは敵の城砦を粉砕するごっつい神様です。金剛杵（ヴァジラ）という武器をもって悪竜ヴリトラをやっつけて、こやつめが隠匿していた水を山から解放して、田畑を潤します。戦争神なんだけど、同時に豊穣神も兼ねているわけです。水の解放ということでは、ようするに雨を降らせる雷の神様でもある。ゼウスのような雷霆神と言ってもいいでしょう。けっこうオールマイティーな神様です。

どんな家庭にも竈がありますが、竈の主である火はアグニと呼ばれる神様でした。これもまた大いに尊崇を受けておりました。また語源の話をすれば、アグニという名前は点火装置の「イグニション」と関係があります。Agni と igni、似てますね。

ヴァルナという神様は、月の神でも水の神でも司法の神でもあるというややこしい性格をもっています。ギリシャ語のウラノス（天空）と語源的に関係があると言われています。「天空」ということから天体の運行の規則性を表す神様となり、さらには水の循環など、あらゆる規則性を維持する役割を背負ったらしい。インドラもそうですが、多神教の神様というのは、一人一役とキレイに組織的役割分担をしているとはかぎらず、人気者はたくさんの役を掛けもっているのが普通です。ゴールデンアワーの番組をいくつも掛けもつ司会者のようなものですね。

やおよろずの神々のあいだにシステマティックな関係はありません。賛歌を捧げるときにはだいたいどの神様も最高神のような扱いを受けます。どんな客にも「社長」と呼びかけるバーのママのようなもの？　なんだか中途半端な感じもしますが、これをもっていまだ「一神教」に整理されざる未成熟な思考と考えるのは間違っています。今日でも、キリスト教の神とユダヤ教の神とイスラム教の神は同じ神だと言われつつ、実際にはたがいに別々の扱いを受けています。そういう「未整理」が悪いわけではない。なんとしても一つにしなければおさまらないというのは、現実の要請ではなく観念の要請にすぎません。

ブラフマンとアートマン

神々は多様でしたが、神々の形象とはべつに、宇宙を統一する原理を求めた人たちがいました。天地を創造する絶対神を求めるのではなく、もっと抽象的な原理のようなものを求めたのです。こうした問いのなかから、やがてブラフマンという概念が浮かび上がってきました。これは宇宙の最高原理を表す言葉です。

「宇宙の最高原理」って何？

これは「神」って何？　というのと同じくらい難しい質問です。世俗的現代人は「宇宙の最高原理」も「神」も問いません。もっとも、何か絶対的なものをまるっきり信じていないわけではない。現代人のあいだには、宇宙の本質に関するある種の思考パターンがあります。宇宙とは進化と淘汰を原理とするものだ――私たちはなんとなくそんなふうに考えているようです。

そういえば最近、テレビのCMでも教養番組でもやたらと「進化」という言葉を持ち出すようになりました。「進化」というキーワードは生物学上の概念にとどまるものではなく、一種の社会的流行思想でもあるわけです。ビッグバンに始まった進化と淘汰の過程は、太陽系を生み、地球生命を爆発的に開花させ、やがて人類を誕生させると、今度はこの人類が文明を発達させて、文明勝ち残りリーグ戦をおっぱじめるや、もっとも優れたグローバル・インターネット文明が勝ち残ろうとして今にいたっている、と。この物語は、どの瞬間にあっても進化の戦いにおける勝者として生存する意欲をもちつづけるべきだという倫理観を伴っています。

こうした世界観においては、個人的自己はあたかも進化の勝者であるかのように表象されると同時に、やがては消え去るべき一過性の現象（進化の道具）だともされています。けっこうせつない地位ですね。スポーツの選手のようなもの。せっかく勝っても、その地位は数か月と続かないのです。老兵は消え去るのみ。

現代人が宇宙の原理のようなものを考えても、こうしたせわしないものくらいしか出てきませんが、古代インド人の思考法は少し違っていたようです。宇宙の本体（ブラフマン）は自己の本体（アートマン）とイコールだ、というのが古代インドの哲人たちの結論でした。自分自身を突きつめていくと、思わず知らずそれが宇宙と同一であることを発見するというのです。自己はめくるめく進化のプロセスにおける一過性の道具などではないらしい。古代インド人の世界には進化も歴史もありません。

毎日、新聞を読んでいますと日々世の中は進歩しているように感じます。試みに新聞を読むのをやめ、テレビもインターネットも諦めて、朋友と世間話をするのもよしてしまえば、歴史は止まります。そのとき、私の意識世界に残されるのは、刻々滅びゆく自己の肉体と精神だけです。年をとるとからだは衰え、頭も認知症になったりします。すべてが移ろいゆく。しかし、そんなこんなのはかない物どもを投影している「意識」という映画のスクリーンだけはつねに存続していると言えるでしょう。では、このスクリーンとは何か？「実在しているのは私という個人であって、その私が私自身のスクリーン（意識）をもっているのだ」と考えていたのではいっこうにつまりません。ここはひとつ「実在しているのはスクリーン（意識）であって、その銀幕上に私を含めた個々の人生の映像が投影されているのだ」と考えてみることにしましょう。そうすると、このスクリーンは宇宙意識のようなものになります。自己というと、つい、進化する歴史のただなかにある進化する私の自己を考えてしまいますが、そこを突きぬけると、宇宙意識の銀幕が現れます。この「宇宙」こそがほんとうの「自己」なのだ、と考えるとすれば、進化を追いかけるのに忙しい現代人も、少しは休息できるかもしれません。

もちろん、古代インド人がスクリーンなどという言葉を用いているわけではありません。古代インド人の考え方を現代人がほんとうに追体験できるかどうかは保証のかぎりではないのですけれど、ともかく、ブラフマン（宇宙の本体）＝アートマン（自己の本体）というのが、インド的哲理の一つの基本定式として定着したのでありました。

ひとたびこういう図式が認められますと、あとは自己探求を深めて宇宙の本体へと帰っていくための具体的プロセスを見つけることが課題だということになります。インド宗教の修行の究極目標はおおむねそんなところに置かれています。こういうのは世俗的現代人にとって非現実的な努力であるように感じられますが、その非常識性は、西側世界の「神」の非常識性に匹敵します。

「神」が歴史を動かしたり、預言者を送り込んだり、戒律を定めたりするなんてのは、世俗的現代人にとっては倒立した世界像です（実際には人間が歴史を動かし、預言者として生計を立て、戒律をつくっているとしか私たちには思えませんから）。それと同様に、自己と宇宙とをイコールで結ぶのは、部分を全体だと言い張るようなものであり、ほとんどナンセンスな努力であるように感じられます。

しかし外野が何を言おうと、当事者の「努力」は「努力」として認めないわけにはいきません。キリスト教徒やイスラム教徒が、みずからは相対的な人間でありながら神の絶対性を語ろうと頑張ってきたように、インド人は自己が宇宙だという一点に賭けて営々努力を続けてきたのでした。こうした努力がそれぞれの精神世界を構築してきたのです。

輪廻

インドの哲人にとって絶対の世界がブラフマンであるとすると、では、めくるめくこの社会的世界は、やはり「進化」の世界だと考えられていたのでしょうか？

いいえ、インド人の場合は「進化」ではなくて「輪廻」です。

進化と輪廻はどう違っているかといいますと、進化の場合は、おじいさんおばあさん、おとうさんおかあさん、わたし、むすこむすめ、まご、ひまご……と代を重ねるにつれて、世の中の物事が累積的に洗練されていきます。しかし、輪廻であれば一代一代、一人一人がバラバラです。わたしが頑張っても、その結果の報いを受けるのは、死後に生まれ変わった新しいわたしであって、わたしの子孫ではありません。輪廻は徹底した個人主義です。ですから外界の進化には無関心です。

輪廻にも一種の「進化」の観念はあります。頑張ればどんどんよい方向に生まれ変わる。外界の時間軸を無視して、自分の霊魂だけが進化していくのです。「退化」の観念もあります。どんなによい生を受けても失敗したらつぎの生は犬畜生かもしれない。いつまでも成功しつづけるなんてことはないでしょうから、進化と退化とプラスマイナスゼロです。けっこう厳しい見方ですね。

輪廻説をとるといつまでも生が続くことになるのでいいような気もしますが、よーく考えたらうんざりかもしれません。生まれ変わっても生まれ変わっても嫌な労働が待っており、人間関係はトラブル続きで、借金やら税金やらで首が回らないうちに病気で苦しんで死ぬのをくり返すだけかもしれない。へたをすると動物に生まれ変わって食肉工場で屠殺されてハンバーグにされて食われる運命にあるかもしれない。そう思うと、こりゃあなんとしてでもこの輪廻から自由になりたい、解脱したいと思うようになるでしょう。「業（ごう）」があるかぎり輪廻してしまいます。解脱するには自己を洗い清めて、業を振り払うしかない。ほんとうの自己（アートマン）は宇宙（ブラフマン）なんだという一点に賭けて、宇宙への帰一を果たすしかありません。

なお、輪廻説とともにインド社会を特徴づけてきたものが、よく知られているように、カーストという徹底した身分制度です。現代人の「進化」の世界にも、勝ち組と負け組の現実的また理念的ヒエラルキーがあり、上下の差はしばしば絶望的に拡大します。輪廻世界においては、この世におけるひどい地位も長い前世の因果の結果と解釈することができますから、なかなかこのヒエラルキーから離脱することが容易でありません。しかしまあ、私たちとしてはインドのカーストの不合理を云々するより先に、今の私たちの通俗論理にもまた階級差を正当化する危険な構造があることに気をつけるべきでしょう。

さて、このような次第によって、梵我一如（梵(ブラフマン)と我(アートマン)の同一性）と輪廻とが（そしてカースト制が）紀元前からインド宗教のキーワードとして機能してきました。こうしたフレームワークは、ユダヤ教が西側世界に与えた神の戒律の共同体というフレームワークとはおおいに異なります。東西の宗教を単純に比較することはかなり難しいことかもしれません。まったく異なる言語どうしの翻訳のようなものです。

ヴィシュヌとシヴァ

紀元前後から数百年のあいだ、仏教はおおいに流行したものの、結局古くからのバラモン的伝統の再活性化の流れに押し流されてしまったことはすでに何度もお話ししました。仏教を支えていたのは商人階級でしたが、貿易相手国であったローマ帝国が滅んでしまうと、商人階級も没落し、農村地帯を基盤とする伝統的神々の信仰が台頭してきたということだったのかもしれません。古代からの伝統的な神々の祭祀が「ヒンドゥー教」として甦りました。輪廻、カースト、梵我一如の世界です。

では、この新生ヒンドゥー教は、古代インドの宗教世界とどう違っているのでしょうか？まず、主流をなす神々の顔ぶれが変わっています。アーリア時代にいちばん崇拝されていたインドラ神の人気はすっかり衰えてしまいました。インドラ神は漢語では帝釈天となります。ちなみに密教を通じてこの帝釈天の信仰が日本に伝わっております。葛飾柴又の帝釈天というのは日蓮宗のお寺ですが、インドラ神像がご本尊です。本家のインドで廃れた神様が日本で尊崇されているとは奇妙な因縁ですね。

新生ヒンドゥー教において新たな崇拝の対象となったのは、おもにヴィシュヌとシヴァという二柱の神様です。ヴェーダにおいてはヴィシュヌは脇役的存在でしたが、ヒンドゥー教においてはたいへんな支持を受けるようになります。ヴィシュヌ信仰の成長は、クリシュナなど地方の神々を合体・併呑していくプロセスでもありました。そのようなこともあって、ヴィシュヌはさまざまな形に変身して救済に現れるという物語が発達していったようです。神様が変身して現れることを「化身」と言います。クリシュナのほか、魚、亀、猪、人獅子、矮人、パラシュラーマなる人物、ラーマなる英雄、ブッダ、未来に出現する救世主カルキという十の姿に変身するというのが公式見解です。そのようにして、ヴィシュヌはあっちこっちの神話のなかに登場しております。クリシュナというのは叙事詩マハーバーラタに登場する神様で、このクリシュナと王子アルジュナとの対話編は、インド精神の精髄としてたいへん重んじられています。ラーマというのは、もうひとつの叙事詩ラーマーヤナに登場する英雄です。
ヴィシュヌを「最高神」と信じる一派がヴィシュヌ派ですが、それとともにヒンドゥー教徒をほとんど二分するもう一つの派閥がシヴァ神を「最高神」と崇めるシヴァ派です。ほかにもたくさんの宗派があり、女神信仰も盛んです。「最高神」が並び立っても平気だというところが、多神教の多神教たるゆえんですね。じつはヴィシュヌとシヴァの二神は結局同じ神なのだという理屈も広まっており、それによれば、世界は創造と破壊をくり返しており、最高神はまずブラフマー（梵天）として世界を創造し、ヴィシュヌとして世界を維持し、シヴァとして世界を破壊するのだとされています。これを「三神一体（トリムールティ）」と呼びます。

では、世界を破壊するとされるシヴァ神とはどのような神様でしょうか？　ヴェーダには暴風雨神ルドラの別称として言及されています。ようするに台風の神様ですね。だから破壊神なのですが、同時に植物を育てて豊穣をもたらすので「吉祥（シヴァ）」とも呼ばれているわけです。破壊神などという恐ろしい神様を信仰するのは、よそ者にとっては不思議な感じもありますが、考えてもみてください、私たちもまた「自然」を形容するとき「自然の脅威」と「自然の恵み」の両方を語るでしょう？　真理のもつこうした二面性の認識には深いものがあると言うべきでしょう。

古代のヴェーダの宗教はとりわけ上層階級（バラモン階級）にとっての宗教でしたが、これが民衆の信仰形態を取り込んで、民衆を救済する宗教として生まれ変わったのがヒンドゥー教だと言えるかもしれません。ですから、ヒンドゥー教においては、ヴィシュヌもシヴァも救済の神様です。民に要請されるのは、ひたすら神様を信じることです。この信仰心を「信愛（バクティ）」と呼びます。難しい哲学は抜きにしても敬虔な実践が大事なのです（民衆が究極的解脱や梵我一如の境地のために修行に励んでいるわけではありませんからね）。実践の重要なものは食物、花、香、賽銭などの供養（プージャー）です。

ある意味で、民衆に熱狂的に迎え入れられた大衆救済宗教としての姿は、キリスト教やイスラム教などとも変わるところがないと言えるのかもしれません。一神教も多神教もへったくれもない。ブラジルのカトリック世界では、アフリカからの移民が持ち込んだイエマンジャとかオシャラとかエシュとかナナンとかといったアフリカ系の神々の信仰が、キリスト教正規の聖者崇敬の一変種として認められています。たとえばイエマンジャという海の女神の信仰はマリア様の信仰と一緒だと言うのです。これなんかヴィシュヌ神の化身理論と似てますね。

ユダヤ教、キリスト教、イスラム教はわりに純潔の系譜を誇るところがありますが、いわゆる「多神教」世界はアイデンティティーにおいて無頓着なところがあり、神様の貸し借りについては比較的おおらかです。日本には輪廻、カースト、梵我一如の修行などのフレームワークは完全には伝播しませんでしたが、単体の神様は密教を通じてちょこちょこやって来ました。

というわけで、わが八百万の神のおわします蜻蛉洲（あきつしま）には、インド系の神様が大勢いらっしゃいます。葛飾柴又ではインドラ（帝釈天）を、江ノ島ではサラスヴァティー（河の女神、つまり弁天さん）を、豊川稲荷ではダキニ（恩恵をもたらすとされる鬼女、これがいつのまにか狐の尻尾をもつことになった）を、信貴山ではクベラ（やっぱり古代インドの神様、毘沙門天）をお祀りしているという次第です。シヴァ神もまた、姿を変えて日本の神様になっています。七福神の大黒様です。

この章の初めに、ヒンドゥー教は日本人のあいだで意外と知られていないと私は書きました。しかし、ヒンドゥー教について知るためのとっ掛りのようなものは、身近なところにたくさんあると言えそうです。

14 儒教と道教——転変の世界

曖昧な点

インド亜大陸に生まれた宗教的伝統がどんぶり勘定で「ヒンドゥイズム」に数えられる慣わしであったことに倣えば、中国亜大陸に育まれた宗教的伝統のいっさいがっさいを「チャイニズム」と呼んでしまってもよさそうです。しかし「中国教」という言葉はいまのところ通用していません。

もともとインドに「ヒンドゥイズム」という概念があったわけではなく、それは外来のキリスト教やイスラム教に刺激されて登場した新しいネーミングだったのでした。事情は中国でも似ています。近代になってみずからの伝統をキリスト教などと並べてアイデンティファイするにさいして、概念体系の新たな編成が行なわれたのです。その結果、孔子の教えの系譜がはっきりしている「儒教」と、インドからの外来思想であることがはっきりしている「仏教」が独立扱いとなり、そのどちらでもない捉えがたい土着系の宗教現象が、「道教」という言葉で十把一絡げに言及されるようになりました。

というわけで、中国亜大陸とその周辺に流通している伝来の宗教的習慣は、「儒教」「仏教」「道教」の三つ組みとして説明される習慣が定着したのです。

こうした整理の仕方には据わりの悪いところがあります。まず、儒教ですが、孔子様の道徳的な教えと、それに基づく政治的ノウハウの部分が強調されがちですので、どうしても「なんだか宗教じゃないみたい」という印象がつきまといます。これに対しては、反論もあって、中国人の宗教の根幹は祖先祭祀であり、この祖先祭祀をがっちり組織化したのが儒教なのだから、儒教は立派な宗教だというふうに主張されています。そもそも「儒」というのは祖先の霊を呼び出すシャーマンでした。孔子様はこの「儒」教の倫理的改革者だったわけです。

なお、のちの儒学はしばしば知識人のお堅い道徳のようなものになり、国家体制を支える政治的イデオロギーのようなものとして機能してきました。西洋の宗教においては、預言者が国家体制に食ってかかるという伝統があります。また、救済宗教は、矛盾をかかえる社会体制が救えない個人を救うところにこそその妙味があります。そういう意味では、国家や表社会を代表する「世俗」的領域とは正反対の、裏社会としての精神世界にかかわるのが「宗教」だという考え方もできます。この観点からすると、儒教はあまりにも体制派寄りかもしれない。しかし物事はやはり程度と観点の問題でしょう。だって、個人の魂を救うという建て前のキリスト教にしたところで、数多くの異端的個人を「まことのキリストの教えに背く者」であるとして排除してきた歴史があるからです。キリスト教それじたいが一個の「体制」です。

日本人にとって、儒教というのは、徳川様が自分の支配を正当化するために導入した「忠」のシステムにすぎないかもしれません。侍社会が消失すると、儒教の存在基盤がなくなってしまいました。失業した侍はしばしば「忠」をキリスト教の神様に振り向けました。しかし、中国人や韓国人にとって儒教の祖先祭祀は、日本人には考えられないほど徹底したものです。中国社会や韓国社会は儒教的な家族観によって組織されています。伝統的に家族のつながりが希薄で、ろくでなしの息子よりも勤勉な番頭さんに家業をつがせる習慣のある日本においては、儒教は精神的訓戒程度のものかもしれませんが、中国亜大陸の伝統に関して言えば、儒教はもっと生活に根づいたものです。

というわけで、儒教は「宗教」でよいということにします。

では、道教はどうでしょうか？　道教に関して、まずややこしいのは、老子や荘子といった思想家（道家）の系譜と「道教」なるものとはかならずしも緊密な関係をもたないということです。道家思想も道教も英語で言えば Taoism です。しかし、中国の民衆の現実の宗教的習慣としての「道教」には、儒教に由来するもの、道家思想に由来するもの、易に由来するもの、陰陽説に由来するもの、五行説に由来するもの、占星術のたぐい、養生術のたぐい、と、ありとあらゆるものがチャンプルーになって混ざっています。なんでも入っているのですから、とくに老荘とくっつけて考えなければならない必然性はないということになります。ですからここには老荘哲学（タオイズム）と現実の道教（タオイズム）をめぐるイメージの混乱があります。

つぎに、道教には道士と呼ばれるプロフェッショナルが修行を積んだり、お祀りをやったりする「教団」的な側面と、一般民衆がいろんなことをやっている「民衆」的な側面とがあります。この二つが一緒だという人もあれば、別だという人もある。観念的には区別できても、実際上は区別できないらしい。では、中国で行なわれている民間信仰はすべて道教なのかと言えば、仏教系の民間信仰だって区別できそうですから、どうもはっきりしたことは言えないようです。

つまり、道教が「宗教」だということに異論はないとしても、どういう輪郭を備えた宗教なのかという、アイデンティティー問題に関しては、なんだかよくわからないところが残されているということです。

そもそも「宗教」概念の問題にせよ、単位としての「宗教」の輪郭（アイデンティティー）の問題にせよ、論じる側（学者の側）の問題であって、やっている側（現に神霊を拝んでいる善男善女）の問題ではありません。少なくとも言えるのは、ユダヤ教、キリスト教、イスラム教の場合のアイデンティティー感覚を東アジアの精神世界に持ち込むわけにはいかないということでしょう。こんなわけで、世界宗教地図の東アジアの部分は、「儒教・仏教・道教」の混合地帯として描かれたり、たんなる「儒教文化圏」として描かれたり、あるいは逆に「大乗仏教圏」として描かれたり、道教がそこに登場していたりいなかったりという混乱状態が続いているわけです。混乱しているのは地図製作者のほうであって、当事者のほうではありません。

陰と陽

儒教が「正統派」の教えであり、老荘思想は反体制的な「異端」の教えであるというふうに言われることもありますが、大事なことは、中国的二元論においては、キリスト教の正統と異端のように、どっちか一方を完全な誤謬ないし悪として排斥しなければならないという関係にはなっていないことでしょう。「表」の思想と「裏」の思想はつねにくるくると入れ替わる関係にあって、このロータリーエンジンを動力源として中国人は生きています。

電池にだってプラスとマイナスがあるのですから、相補的な二極関係は森羅万象に潜んでいるはずです。男と女、昼と夜、夏と冬、若者と老人、おしゃべりとむっつり、会社と家庭、オオヤケとワタクシと、相補的対立はどこの世界にでもあり、東洋の専売特許ではありません。ただ、中国思想にあっては、一見消極的（否定的）に見えるものもほんとうはどうだかわからないのでしばらく様子を見るという、「待ち」の姿勢を高く評価しているように思われます。この場合、積極的にふるまっているほうが「陽」であり、出方待ちということで様子を見ているほうが「陰」ということになります。陰と陽とは時間がたてば入れ替わるかもしれない。西洋人が陰と陽という概念を発達させなかったのは、ひょっとしたら、待ってたら相手に殺される過酷な環境が続いていたからなのかもしれませんが、少なくとも、世俗的権力の積極的なふるまいに対して、しばしばキリスト教の修道士などは「陰」の姿勢で応じてきたように見えます。「陰」の知恵というのは、洋の東西を問わず、どこにでもあるものです。積極性こそすべて！　と考えるのは、修行の足りないビジネスマンかテロリストくらいのものでしょう。

陰と陽を描いているのが「太極」の図です。韓国の旗でおなじみですね。韓国では陰陽思想はとりわけ親しいものです。なお、陰といえば月、陽といえば太陽ですが、本来日月の両方の円がペアをなしていたはずの「日」の部分だけで国旗に仕立てたのが日章旗です。国名も「日の本」で、「月の本」のほうはどこかに行ってしまいました。「日出づる処の天子」を称したのは聖徳太子だと言われますが、日が出てくるのばかりが目出度いと考えているのがわが日本人なのでしょうか？　でも、夕日に向かって吼える図柄もまた日本人好みですから、日本の「日」は日の出と日の入りという陰陽二側面を兼ねているのかもしれません。

無駄話はともかく、陰陽というのは漢字文化圏における思想としてかなり重要なものなのではないかと思います。陰陽をそのまま占いに用いているのが易です。陽を一本線、陰を断裂のある線で表し、この二つを三段に組み合わせ「八卦」となします。これを二重にして「六十四卦」がたち、これをもって万物の転変の様子を占います。陰と陽とはつぎつぎと転変するというのが易の思想です。易経というのは紀元前はるか前からある書物ですから、漢字文化圏の基本思想としての歴史は長いわけです。

陰陽説に五行説をからめると陰陽五行説となります。五行説というのは、木・火・土・金・水の五つのマテリアルが転変するという形で世界を把握する思想です。この五種が陽（兄）と陰（弟）に分裂すると「木(き)の兄(え)⇒甲(きのえ)」「木の弟(と)⇒乙(きのと)」「火の兄⇒丙(ひのえ)」「火の弟⇒丁(ひのと)」という次第で、ここからカレンダーに書かれる十干十二支なるものが誕生しました。これらもまた、物事はめぐる、回る、という点にポイントを置いた生活解釈のフレームワークを提供しています。

祖先崇拝と孔子

さて、物事はすべて転変するものであると。しかし転変の主体である人間主体はぜひとも存続しなければなりません。ところで、この主体を完全に個人主義的にとらえずに、生物学的な血脈として捉えるのが東アジアの流儀です。中国では何といっても家の概念が大事です。宗教としては祖先を祀ることが何よりも重大だということになります。

こんな感覚は日本人にもわかりますね。日本語では死んだ人のことをホトケと言います。「御先祖様」です。しかしもともとの仏教では悟った人のことをホトケ（ブッダ）と呼ぶのであったはずです。日本的仏教においては、もはや悟りはどうでもよろしい。大事なのは先祖の供養です。仏壇には位牌なるものがあり、お坊様が戒名を書いてくれるのですが、この位牌は儒教に由来するものであって、仏教起源のものではありません。というわけで、今日の日本仏教はほとんど儒教の変種のようなものとなっている。

位牌の起源を調べてみると、なんだかおどろおどろしい話が出てきます。死んだ人の頭蓋骨を遺族がかぶって憑依しながらお祀りする。この頭蓋骨が仮面を経て木片となった（ここまでは古代中国の話）。この板が日本化したのが位牌なんだそうです。

中国において発達した儒教という宗教は、こうした祖先崇拝の儀礼に由来するものです。日本の「祖先」というのはふつう「おじいちゃん、おばあちゃん」、せいぜい「ひいおじいちゃん、ひいおばあちゃん」止まりのもので、それ以前の先祖のことはたいてい不明になっています（よっぽどいい家は系図なるものを（偽造して）もっているかもしれませんが……）。しかし、中国・韓国ではもっと執拗に遡って先祖をお祀りします。六代前のことはわかっていて当然です。韓国では族譜というものを一族が出版するのが流行っているそうですが、こうした系譜は儒教徒にとってたいへん大事なものです。

ユダヤ・キリスト教徒が信仰の系譜と純潔性にこだわる傾向をもつように、儒教徒は祖先からの血の系譜を重んじます。文化というのは何かをたたき台にして、その骨格に肉をつけ、目鼻をつけてシステムとなすものですが、そのたたき台が信仰の系譜であっても、血縁の系譜であっても、ロジカルには似たような機能をもつでしょう。儒教とはそのようなシステムとして発達したものだと言うことができます。

面白いのは、キリスト教などの場合、万人の救済ということで、すみやかに兄弟愛の強調へ向かうのですが、儒教の場合は「他人の先祖は祀らないヨ」といたってクールなことです。論語の学而編に「子の曰わく、其の鬼に非ずしてこれを祭るは、諂いなり」とあります（金谷治訳、岩波文庫、四九ページ）。直訳すると「先生（孔子）が言われた。自分の家の鬼（死者の霊）でもないのにお祀りするのはへつらいだ！」

これは宗教について思いをはせるさいに、ちょっと考えさせるものをもつ言葉ですね。たとえばクリスチャンでもないのに十字を切るまねをする人がいます。これはへつらいなのであると。グローバル化とともにあらゆる宗教の信者が隣近所に暮らすようになりました。そのさい、たがいに相手に敬意をもち、礼を尽くすのは大事なことですが、相手の信仰をまねるふりをするのは考えものかもしれません。なぜなら、その信仰のほんとうの文脈を学ぶことなく祈ったふりをするのは、他者の文化に対する理解よりも無理解を促進することになりかねないからです。

儒教は「博愛」や「普遍主義」に向かうモーメントよりも、ローカルな限定性にとどまろうとするモーメントの強い宗教です。これはグローバル化時代の価値観からするとひどく保守的なものですが、あまりにも無節操にグローバル主義が世界を荒らしまわっている今日、それとは反対の原理というものの意義も見なおす必要があるかもしれません。

原始的な祖先祭祀をとりしきった祈禱師が「儒」でありました。孔子のお母さんは儒であったらしい。紀元前五〜六世紀の人物である孔子は、こうした祖先祭祀の伝統に哲学的・倫理的な要素を加えました。つまり、祖先祭祀を中心としてさまざまな儀礼や礼儀で成り立っていた社会のマナーについて、それを「君子」の心がまえで実践するとはどういうことかを追究していったのです。というわけで、孔子の教えは礼（儀礼・礼儀）をめぐるものであり、また仁とか義とかの道徳的価値観をめぐるものであったのです。

孔子の言葉をもうひとつだけ紹介しておきましょう。有名な文句です。

子の曰わく、学びて時にこれを習う、亦た説ばしからずや。
朋あり、遠方より来たる、亦た楽しからずや。
人知らずして慍みず、亦た君子ならずや。（一九ページ）

「先生がおっしゃった。勉強して適当な時期にみんなでおさらいする。わくわくするね。遠くに同志がいて、わざわざやって来てくれた。楽しいことだ。誰も理解してくれないけど、人のことは恨まない。これが君子ってもんだ」。勉強というのは、たぶん儀礼や礼儀の訓練のことでしょう。ようするにみんなで社会的行動パターンを学習する。で、覚えたかな〜、よ〜し、やってみな、と、頃合いを見て発表会を開くわけです。一人で黙々とやる今日の受験勉強のようなのだったら、復習してもちっともよろこばしくないかもしれませんが、集団のお稽古事だと考えれば、楽しそうな感じもします。同志が遠方から来るとか、理解者がないとかというのは、社会改革者としての孔子スクールが相対的に世間から浮いていたということかもしれません。知識人の孤独です。だけど恨まないのだと。それが君子なのだと。

論語は基本的に明るい書物です。旧約聖書の預言者のように、神から離れた民を説教するような調子はありません。こうした屈折のなさをもって儒教が深みのない思想だと考える人もいるようですが、深いか浅いかはひとえに読解者の読解力にかかっています。明るい本だから著者に苦労がなかったのだと考えるのは浅はかですし、世の中の矛盾やギャップ、絶望を説いていないからといって、矛盾や絶望に直面した人間に洞察を与えないものでもありません。「書かれたもの」と「現実」とのあいだにはつねに解釈の次元があることを忘れてはならないでしょう。*

* 儒教の賢者は孔子ばかりではありません。孟子は人間に内在する天の意志を説きました。これに対して外在的な規範としての礼による善の実現を説いたのが荀子です。こんなふうにすぐに対立する二種類の意見が生まれるのが思想の歴史の面白さです。ずっと下って一二世紀には朱子という哲人が現れて、儒教はたいへん理論的になりました。朱子が情の抑制を説いたのに対して、情や実践を高く評価したのが一五〜一六世紀の王陽明です。

裏の系譜と民衆の救済

ところで、中国思想にも「屈折」がないわけではありません。孔子学派の前向きな調子に異を唱えるスクールもありました。老子という名の人物が書いたとされる『老子』（別名『道徳経』）には「天地は仁あらず。……聖人は仁あらず」と意表をつくような言葉があります（小川環樹訳、中公文庫、一六ページ）。「仁」というのは孔子の唱えた君子の徳で、まあ、愛情のようなものですが、天地には愛情なんてないし、また愛情なんてもたないのが聖人だ、と。私たち小人がギクっとするような冷淡な評言ですね。この老子の言葉は儒教の徳目をいわば揶揄するようなものとなっている。

あるいは「大道廃れて仁義あり。……国家昏乱して忠臣あり」なんて言葉もあります（四八ページ）。ほんとうの道がすたれたとき、仁だの義だのとさかしらなことを言う奴が出てくる。忠臣というと聞こえがよいが、国家が乱れてるからそんなものが評価されるのであって、そもそもの乱れがないことのほうが忠義などよりましである。

こういう皮肉な言葉の真意がどこにあるのかは、これまた判じ物の世界であり、キリストとは何かという解釈学と同様に、いかようにも解釈できそうなファジーな宇宙の始まりです。しかしともかく、ストレートな言語表現というものに対する不信感がここにはありそうです。「道の道う可きは、常の道に非ず」（五ページ）。タオが語れるようなものであれば、そんなものはタオじゃない。そういう調子です。

ですから、孔子の儒教に代表されるストレートで前向きな「表」の立場に対して、裏から語る屈折した立場というものが、この道家の思想的拠りどころであると言えるでしょう。この逆接に満ちた姿勢には、十字架に死した開祖をもつキリスト教のような救済宗教の世界観に通ずるものがありますし、ストレートな言語表現に対する懐疑という点では「神秘主義」的な宗教の始まりでもあります。

のちに民衆宗教としての道教が発展してゆきますが、この道教が老子の「道(タオ)」から生まれたものかどうかはわかりません。しかし、老子の道(タオ)も、民衆の神々も、知識人が信頼する言語の絶した世界にあると言えるのだとすれば、ここにひとつの道教という大きな系譜を立てることができるかもしれません。

西洋世界でキリスト教やイスラム教が始まり、インドで大乗仏教やヒンドゥー教が始まった時代、中国では、新しい民衆宗教の動きが起こりはじめました。二世紀には干吉(かんきつ)なる人物が太平道と呼ばれる教団をつくりました。神様に祈って病気をなおす救済宗教です。これを継いだ張角なる人物は信者数十万の組織に育て上げ、後漢の国家体制をゆるがしました。世に言う黄巾(こうきん)の乱です。信者が黄色い布を目印にしていたのでこの名があるそうです。

つぎに現れたのは五斗米道という妙な名前の道教教団です。これもまた病気なおしをやったのですが、信者は五斗の米を納めたのでこの名があるそうです。この教団は五世紀に改革派を生みました。新天師道と呼ばれる教団です。唐の時代には国家の保護を受けました。道教は儀礼を整備し、教典を整え、教理体系をつくるようになりました。仏教や儒教のシステマティックなやり方をまねたわけです。道教の教典には『老子』も含まれます。だんだん増えてゆき、ちょうど仏教の経典が膨大なアーカイヴズをつくっているように、道教の教典も図書室いっぱいに増えました。これを「道蔵」と言います。仏教のお寺にあたるのは「道観」です。僧侶に当たるのは「道士」です。多神教ですから神様はたくさんいらっしゃいます。最高神は元始天尊、あるいは玉皇上帝です。

教団においてシステムが整備されていく一方で、一般民衆のあいだでもさまざまな信仰が活発に行なわれ、両者のあいだのフィードバックのうちに道教なる精神空間が成立しているようです。日本でも神社だかお寺だか区別のつかないようなテンプルないしシュラインがあり、神々も土着の神様なんだか中国の神様なんだかインドの神様なんだかわからないような状態になっているように、中国の民間信仰においても、神々の姿は多種多様でごちゃまぜ状態なんだそうです。

元始天尊は老子のタオが神様となったものらしく、老子自身も太上老君として神様化していますが、仏教系の釈迦だって観音だって弥勒だって閻魔様だって何だって民衆は差別なく拝んでおります。横浜中華街には関帝廟なるものがあります。関帝というのは三国志に出てくる武人の関羽です。なんで武人が横浜中華街に祀られているのかといえば、武神であったものがいつしか財神とも考えられるようになったためだとか。あと日本でもよく知られているのは鐘馗(しょうき)様ですね。邪気を払う神様です。面白いのは孫悟空が「斉天大聖」として祭られていることです。釣りでおなじみの太公望呂尚も神様です。竈の神様もいます。門の神様もいます。天の神様に一人一人の善行悪行を報告する三尸(さんし)という神様もいます。女神様は娘娘(ニャンニャン)です。これは女神一般を指す言葉です。出産関係、育児関係、眼病治し、天然痘治しなどいろいろな役柄をもつニャンニャンがいます。観音様だってそうした女神のおひとりです(ほんとうは仏教の菩薩なんですが。しかもオリジナルはたぶん男なんですけど)。

道教で大事なのは、さまざまな呪術的な儀礼でしょう。悪霊退散の呪文だとかお札だとかがたくさんあります。あと、不老長寿をめざすさまざまな健康法や薬の調合、調息(呼吸法)、導引(マッサージ)、房中(セックステクニック)などがあります。

中国の民衆宗教の世界には、アニミズム的とも言われるありとあらゆるややこしい呪術的なテクニックがてんこ盛りです。ピューリタン的なシンプル志向とは対極的ですが、こうした猥雑さがすべてめざしているのは、人間という存在の肉体性・感性の側面に対するセンシビリティーです。宗教というと「精神」と来ますが、精神というのは形式であって実体はむしろ身体のほうにこそあります。こちらの方面のテクニックに焦点を当てた道教的世界は、一見した任意性・偶然性とは裏腹に、デリケートで精緻な宗教的ネットワークをつくりあげていると言えるのかもしれません。

15

どう語る？　日本宗教

自意識の物語

多神教の世界は語りがたいと言いつつ、私はインド人や中国人の民俗的宗教を大雑把に語ってきました。そういう大胆なことができるのはよそ者の特権です。一般的に申しまして、文化というのは外国人ほど語りやすいものです。地元のことなら、さまざまなディテールの織りなすこんがらがった事情が見えていますから、要約的に話すのはどうも嘘くさくてやってられません。

地元の文化について語るのはもともと難しいものですが、神道なんかの場合、さらに面倒くさいのは、当の神道の客体としてのアイデンティティーと輪郭がはっきりしていないことです。これは神道にかぎらず、日本の文化全般に言えることですけれども。

私たちは漠然と、もともと日本列島には「神道」というものがあって、そこへ外国から「仏教」がやってきて、この二つの思想がたがいに対立したり和合したりして日本文化を彩ってきたものだと考えています。通常、古代精神史は、「仏教」という外来文化のアイデンティティーと「神道」という固有の文化のアイデンティティーの出会いの物語としてイメージされています。

これをドラマチックに示すのが、仏教の受容を拒否した物部氏と賛成側にまわった蘇我氏との対立の物語です。物部氏は「よその国の神様を拝んだら、日本の神様が怒ってしまう」と言って反対した。賛成論者の蘇我氏が仏像を拝んだら、国中に病気が流行った。そうれ見ろ、と言って物部氏が鼻をふくらます——

このエピソードは史料的に当てにならないものなんだそうですが、常識的に考えてみても、異文化の輸入にあたって、これほどストレートに対立が起こるものとはちょっと思えません。よその文化が入ってきたとき、受け入れ側では、はじめ自分が目にしているものが何物であるかわからないものです。西洋の近代文化がイスラム世界に入り込んだときも、かならずしも最初から激しい拒絶反応が起きたわけではない。いろいろ受け入れて消化に努めたあげくに、「これこれは反イスラム的である」という新たな気運が育っていったのです。

「神道」が「仏教」と出会ったとき、「あなたが仏教さんですか。なるほど、あなたはこれこれこういう性格の持ち主とお見受けします。ところで、私は神道と申します。私の性格はこれこれこうです。どうも性格が合わないようですね。では、さようなら」あるいは逆に「おたがい性格のいいところと悪いところを補いあって、ともにがんばってやっていきましょう」というふうに挨拶できたとしたら、それは奇蹟でしょう。

じつのところ、仏教にはみずからを語るおしゃべりな言語がありましたが、日本の土着の神々にはそれがありませんでした。仏教は百万言の漢文でみずからを武装していた。しかし日本のローカルな言葉はたどたどしいものでしかなかった。日本列島の各地でさまざまな神々が信仰され、さまざまな祭儀の習慣などがあったでしょうが、それを統一的に語り、仏教と渉りあえるような神学的な言語はなかったのです。日本オリジナルの宗教というものがあったとしても、それを語る言語を与えてくれたのは、仏教であり儒教であり陰陽思想であり道教であり……ようするに漢字文化だったのです。

神道の正典とされる「古事記」の序文は「それ、混元既に凝りて、気象未だ効れず、名も無く為も無し。誰れかその形を知らむ。然れども、乾坤初めて分れて、参神造化の首となり、陰陽ここに開けて、二霊群品の祖となりき……」といった調子で書かれています。「気」だの「乾坤」だの「陰陽」だの、中国思想の用語です。何か哲学的なことを語ろうとすると、先進文化である漢字文化によっかからないではいられませんでした。

日本文化がみずからを「日本文化」と語れるほどのかたちを得たのは、中国文化のフレームワークを学習してのちのことです。中国文化に出会う以前の日本人が、子供のように幼稚だったというわけではありませんよ。* 高級な文化というものがなくても、人間というのは、自然に対しても、人間関係に関しても、それ相応の知恵というものを発揮して暮らしているものです。近代文明以前の中世の人間が馬鹿だったわけではないように、漢字文明以前の日本人が馬鹿だったわけではない。とはいえ、抽象的に、観念的に、組織的に、自然と人倫の理を語る、となれば話は別です。そうした語りには概念の整備が必要であり、文字文化の累積的伝統がなければそうしたことはとうていなしえないところです。

＊ 念のため申し上げますと、そもそも「中国文化に出会う以前」というのがいつを指すのかははっきりしません。土着の縄文人と新来の弥生人が混血して現日本人が生まれたとされますが、渡来系民族は春秋

戦国の社会的混乱から逃れた（けっこう高度な文化をもった）中国系民族であったかもしれません。当の初めから日本人と中国人とは縁続きだったのかもしれないのです。古代に遡れば遡るほど、民族論議というのは無意味になります。中国人そのものが、多民族を包摂して生まれた民族です。現在発展いちじるしい上海や広東の地域の人びとの祖先は、古代の中原の漢人にとって異民族でした。

「神道」というアイデンティティーもまた、ひとつの抽象化の産物です。だから最初から「神道」があったわけではない。もろもろの風俗習慣があっただけだと言うべきでしょう。仏教や儒教と出会ったのはこのローカルな風俗習慣のネットワークであり、日本において最初に饒舌にみずからを語ったのは、この外来の思想のほうであった。そしてあとになってから、日本列島の固有の文化というものの本質や性格が遡って規定され、構築されていきます。日本列島に見られる精神現象や制度や文物のうち、中国的、インド的なものを引き算することで、日本固有のものとは何かが追究されるようになったのです。そんな自意識が強力に台頭してきたのは、ようやく江戸時代になってからのことです。いわゆる国学です。もっとも、戦国時代のキリシタン文明の衝撃や、それ以前のモンゴル来襲の緊張感というものも、「日本固有のもの」を意識するようになるきっかけとなったかもしれません。

世界中のほとんどの国において、文化とは外来のものです。ヨーロッパ文化の淵源はよく「ヘブライズム（古代ユダヤの伝統）」と「ヘレニズム（古代ギリシャの伝統）」だと言いますが、ユダヤもギリシャも英国人やフランス人にとって外国です。

そして多くの民族は、自分の国こそがこの国際文化の本質を体現しているといって自慢する傾向があります。アメリカの保守層は自分たちこそキリスト教文化の華だと考えています。日本にはこの国こそ法華経にとってもっともふさわしい土地だという信仰がありました。李朝時代の朝鮮人は儒教を正しく伝えているのは自分たちの国だけだと考えておりました。

しかし、ひとたびそうした主流文化の正当性に疑義が生じますと、ローカルな社会に根づいている外来の国際文化の影響を取りはらって、古い時代の純粋な文化を再構築しようという動きが生じます。カトリック文化が根づいているアイルランドにケルト文化の古層を求め、イスラム文化が根づいているエジプトに古代のファラオの文明の古層を求め、漢字文化が根づいている日本に縄文文化の古層を求めるようなものです。

日本の江戸時代の知識人の文化は漢文でやりとりする中国系の国際文化でしたが、明治になって、中国文化の評価が下落すると、もっぱら日本固有の文化なるものが宣揚されるようになります。そもそも明治維新は古代神政国家の復元のヴィジョンのもとに行なわれたものです。仏教の相場は一時暴落し、「廃仏毀釈」が行なわれました。仏教と中国系・インド系の神々の信仰と日本列島土着の神々の信仰とは従来分かちがたく融合していましたが、仏教と神道とを引き剝がさないでは収まらない情勢となりました。結局、お寺と神社は別のカテゴリーに属するものとなり、かくして世界宗教地図の日本の部は「仏教」と「神道」とがペロペロキャンデーか床屋さんのポールのように二色のストライプで彩られるようになったのです。

しのびがたきをしのび、語りがたきを語る

人間の生活が土地土地によって微妙な差異をもつのは当然のことです。日本列島と儒教が生まれた黄河下流域とは自然風土が異なりますから、人間の暮らしだってセンスだって違うことでしょう。ましてガンジス川流域とはおおいに違います。だから、儒教や仏教の公式スタイルとは別個のものとして、日本列島固有の文化があると考えるのは、むしろ自然なことです。しかし、この日本固有の文化について語る言語は、五〇パーセント以上が漢語で構成されており、九〇パーセント以上が、中国文明と西洋文明との長いつきあいのなかで新たに醸成された成句や表現でできていることは押さえておかなければなりません。

このような事情があるためか、日本固有のものとは何かを概念的に語ろうとするとき、どうしても否定的なもの言いにならざるをえないようです。西洋的ではないもの、中国的ではないもの、インド的ではないものとして語るしかない。さらには言語的な外皮をすてた純真な精神のようなものとして語らざるをえない。今日、日本人がたとえばアメリカ人の強引なビジネスや政治のやり方に不平を述べるとき、彼らの理屈っぽくて、アグレッシヴで、原理主義的なやり方の対極にあるものとしての、感性的で、ソフトで、融通無碍な「にほんの和のこころ」を語る傾向があります。しかしこの「こころ」の正体が何なのかは述べられない。定義上、述べることができないのです。

そもそもを言えば、人間の生活の深層というのは、社会の表層に流通している出来合いの概念や流行思想では捉えがたいものを含むものです。ですから、どこの社会、どこの文化にも「ほんとうのことは言語で捉えられないのだ」という感情があります。宗教の世界では、宇宙や神や自己の真相は言語で捉えられないという「神秘主義」の思想があります。これはキリスト教にもイスラム教にもインドや中国の思想にもあります。

日本のように、自分たちの土地の文化が外来の言語文化とは違うものだという感情がある場合には、こうした地域固有の事情（日本文化は語りがたい）と、いま述べた人間一般の事情（宇宙の本質は語りがたい）とが、どうかした拍子に混線してしまいます。この二つの方程式を移項して解くと、「語りがたい日本文化は宇宙の本質である」ということになります。かくして語りがたい文化の宣揚は、いささか唐突なかたちで神秘的ナショナリズムの様相を呈する可能性がでてきます。

それは通俗の文化談義においてよく見られることですが、語りがたい純粋経験の考察より展開した西田幾多郎の哲学などを引きあいに出して語るときにも、ともすると私たちはナショナリスティックな語りがたさとのナイーヴな交錯を許してしまいます。

国学の本居宣長は「漢心（からごころ）」を洗い清めて「やまと心」を捉えることをみずからの目標としました。しかしついでに「まことの道」は世界中どこでもみな一つなのだが、それを正しく伝えているのは日本だけである、外国では古代からこの真理が覆い隠されている、と述べずにはいられませんでした。日本文化から外来文化を引き算すると、全世界の真理が得られるのです。

こうした発想のパターンじたいは、珍しいものではありません。「日本帝国主義」にあいそをつかしたある全共闘世代の活動家が、「アイヌ文化」を発見しました。その人は、このアイヌ文化こそが人間の普遍文化なのだと頑張りました。この場合、引き算されるべきは、憎むべき日帝、米帝です。日本文化という不純な文化を除去すると、人間（アイヌ）文化が現れるのです。* アイヌには文字がない。それゆえ、文明のさかしらを免れている。そしてこれこそが人類の普遍文化なのである……

＊「アイヌ」とはアイヌ語で「人間」のことです。アイヌモシリ（北海道）は「人間の島」です。

さて、みずからの属する文化の本質、純な姿、あるべき理想の形を求めるというのは、それじたい当たり前の人間的営みだと言えます。共同体の理想というのは、もちろん未来において実現すべきものです。それがたとえば「自由社会の実現」といったような抽象的な題目であれば、「自由とは何か」について抽象的に論議を重ねていけばそれでよいでしょう。

しかし、抽象論を重ねるだけで社会の具体的未来像が絞り込めることは稀です。未来を描くためには、そのたたき台となるような、具体的なイメージが必要となります。同じ共同体に属するメンバーのあいだで、一つの具体的イメージを共有するには、みなが知っている過去の物語をつむぎ合わせて、本来あったはずの「共同体の過去」のイメージを構築するのがもっともたやすい手段です。

宗教家は、しばしば理想的過去のイメージを夢見ます。そして聖典なり伝承された神話のなかに、みずからの考える理想の具体的な姿を読み込みます。さらには、現代という時代の要請に基づいて過去の歴史を再構成――あるいは捏造？――します。

アメリカのキリスト教ファンダメンタリストは古きよき五〇年代の地方小都市を夢見ると言いますし、イスラム教徒であれば、千年以上前の黄金のイスラム帝国を夢見ているかもしれません。だいたい宗教が語る物語――神話――というものは、少なくとも部外者や醒めた歴史家の目には、すべてフィクションとしか思われないものです。キリストの救済物語や人類を解放に導く教会の物語は、万世一系の天皇の神話と同じくらい、部外者には説得力がありません。

日本においても、神道家はしばしば、古事記のなかに「まこと」の道が示されており、日本の本来の姿のエッセンスが封じ込められていると考えます。聖徳太子の「和を以って貴しとなす」が日本の和のこころの起源だと考える人もいます。また、宮本武蔵の剣術のなかに日本精神があると主張する人もいます。草木のなかにも神々が宿るアニミズムの世界としての縄文スピリットを唱道する人もおります。

しかし、たとえば、草木のなかに神々が宿るというのは、インド伝来の仏教の系譜のなかから醸成された密教や修験道から生まれた発想であり、卑弥呼の昔に信じられていた思想だとは考えられません。歴史学的に過去をまじめに再構成すると、どうも私たちのロマンチズムに合わない事実がわかったりします。私たちが好んで見る時代劇の登場人物は、まるっきり現代的な感覚で生きており、美人にしたって今風の顔で、しかもけっしてお歯黒なんかしていません。もし国宝の絵巻に描かれたようなぶっくら膨れ上がった顔の光源氏や紫上の出てくる源氏物語を映画にしたとしても人気は出ないでしょう。宗教的習慣、社会正義の感覚にいたっては、今日の私たちの想像を超えたものがあります。仁徳天皇陵のような巨大な墳墓を建造するメンタリティーは（しかも出来たてのころは完全な人工的ピラミッドであって、木なんて生えていませんでした）、トトロの森やもののけ姫のスピリチュアリティーとはちょっと様子が違っているようです。

私たちの過去は、私たちにとってイスラム社会やアメリカ社会が異質であるのと同じくらい、あるいはそれ以上に異質な世界だと言うこともできます。

ここに共同体的な、あるいは民族的なライフスタイルの本質や理想を述べるときのジレンマがあります。今の私たちにとって切実な、あるいは納得のいく、あるいは感覚的に一致する理想を過去からの伝統として思い描いたとしても、それがほんとうの歴史と一致しているかどうかは定かではありません。

宗教というのは、過去の伝統に生きているという建て前において、つねに今に生きているものだと言えるかもしれません。いわば過去は口実であって、大事なのはいま・ここにおける私たちの生きざまなのであると。それゆえ、宗教家の過去のイメージは、いつも歴史学者の復元する過去とはずれるところをもっているのです。

太陽のピラミッド

古事記は日本列島において語られていた太古の神話をそのままに書き写したものではありません。古事記が編纂されたのは八世紀初頭であり、中国の制度にならって律令制が整えられたあとのことです。天皇を中心とする政治制度が確立したのですが、なんで天皇家がそんなに偉いのかを念入りに描いた官製の大河ドラマを制作する必要があった。現代のインドでラーマーヤナ（ヒンドゥー神話の一つ）のテレビ放映をしたら、ヒンドゥー教ナショナリズムの気運が一挙に高まったと聞きますが、このように、ヴィジョナリーな物語のもつ意義を軽視することはできません。

高天原という日本版オリュンポスの頂のようなところから、太陽神アマテラスの系譜の半神半人の一族が地上に降りてきて、日本列島のリーダーを名乗った。スサノヲ（アマテラスの弟）の系譜には大国主というローカルな神がいて、これが天孫ファミリーに国土を譲った――

出雲の大国主が大和の政権に国譲りをしたのは、地方が中央に服属した、ということのヴィジュアルな表現なのでしょう。この列島の中心は大和政権だということになりました。さらに、「海行かば、水漬くかばね、山行かば、草むすかばね、大君の辺にこそ死なめ、かえりみはせじ」（大伴家持）、「皇は神にしませば天雲の雷の上に廬するかも」（柿本人麻呂）という次第で、天皇のためなら死んだっていい、天皇は神様なのである、と語ることがこの島の住民の躾けとなりました。

「神道」を制度的なピラミッドだとイメージしますと、てっぺんに来るのは天照大神ないし天皇であり、底辺部分は村々の神事や個々の家の屋敷神様の信仰を経てもろもろの民俗的伝統へと溶け込んでいます。ピラミッドを建設したのは古代朝廷です。古代朝廷は「仏教」という救済理論と「律令制」という統治機構と「記紀神話」という権威のロジックを導入し、日本列島に「秩序」と「構造」をもたらしました。そういう意味では、「仏教国家日本」と「神道国家日本」の成立は同時期だと考えられます。「仏教」と「神道」は仇どうしではなく、むしろ仲よしであり、たがいにつるみあった関係にあります。

さて、天皇の世紀が千代も八千代も続けばよいと歌う「君が代」の歌詞と照らし合わせてみても、天皇崇拝としての神道の基本的理念の単純さには感慨深いものがあります。ブラフマンがアートマンだとか、空が縁起で無我でそれが解脱なんだとか、父と子と聖霊が三つなんだがじつは一つだとか、複雑深遠な神学になじんだ者の目には、おそろしく原始的な信仰システムに思えることでしょう。

奈良朝の公認思想と明治以降の天皇国家体制とはじかにはつながりません。あいだには天皇家に権力が集中しない時代がえんえんと続きます。また、「神道」がさまざまなローカルな信仰や習慣を含むものである以上、天皇をたんなる中心として思い描くのも一方的すぎます。ともあれ、「神道」的世界の実像を考えるにあたっては、生身の人間の系譜である天皇なるものが機能してきた世俗的政治の歴史を見ていかなければならないことになります。これはこれでとても複雑なことです。原始的とばかりは言っていられません。

神々を生む磁場

太陽神の子孫を名乗ったのも天皇なれば、仏教や中国の文物を輸入してみずからを権威づけたのも天皇です。では、仏教が天皇公認のハイブラウな思想となったとき、日本列島の神々はこの複雑にして深遠なる思想装置に対して、みずからのポジションをどのようなものとして位置づけたのでしょうか？

仏教が公認されたということは、世界はブッダによって救済されなければならない構造だとイメージされるようになったということです。そうすると、日本土着の、神を名乗る存在もまた、ブッダの救済を順番待ちするものだと考えられるようになったのも当然です。「迷える存在」のなかに神々もまた入るのは仏教の論理では当然のことだからです。

しかし、仏教にはお釈迦様をインドラ神とかナントカ神とかがボディーガードのように守護したという故事があります。では、日本の神々だってその務めは果たせるだろう、ということになります。こんなふうに書くと、なんだか神々がブッダにすりよっているようで卑屈な感じがしますが、仏教の土俵の上で相撲を取っているのだからしかたがありません。

しかし、話にはまだ続きがあります。仏教には、お釈迦様は現世の姿、その背後には永遠なるブッダが存在している、という神学もある。だったら、日本の神々だって、ブッダの現世における姿だと考えたってよいことになります。アマテラスは現世の姿で、その背後には大日如来がいるのだと。だんだん日本の神様の宇宙的格付けが上昇してきました。

そもそも仏教というのは、さまざまな神学や神話的ヴィジョンを重層的にもった複雑な組織です。周辺部分ではほとんど無秩序になろうとしているエネルギーの集合体です。仏教的概念は新たな神的存在を生み出す力がありましたし、インド生まれの神々も連れてきていました。結局、日本の八百万の神々と仏教体系のなかにある神話的形象とは判然と区別できないものになりました。日本列島の土着のイマジネーションが仏教の磁場に入ることで、古い神々は新たな姿を得て、足りないときには新たな神々が生み出されました。たとえば菅原道真公が左遷された恨みから世に疫病を起こす神様になったというのも、密教的解釈をそのきっかけにしています。修験道という山岳信仰の神々もやはり密教系です。あたかも鳥獣戯画や浮世絵を描く土着の芸術的ポテンシャルが、ディズニー由来のアメリカアニメの磁場に入ることで、鉄腕アトム、風の谷のナウシカ、どらえもん、ポケモン、とつぎつぎと新たな「日本固有の」神話的形象を生み出してきたようなものです。

生産的なエネルギーの場となったのは仏教ばかりではありません。陰陽道というのは中国の陰陽思想によるものですし、江戸期には儒教やキリシタン信仰もまた、日本の神話的想像力に決定的な影響を与えたはずです。明治以降は新たにプロテスタントやカトリックの思想が日本人に大きな影響を与えました。今日の知識人の想像力のなかにある「神」の概念はなかば一神教の神の姿になっているかと思われます。それは実践的な宗教ではないかもしれませんが、観念として流通しています。しかし一神教というのは、教会とか伝統的戒律とか、強力な権力機構があってはじめて、建て前的に保持できるものでしょう。日本の宗教的ヴィジョンが完全に一神教的な姿をとるようになることは今後ともなさそうです。

キリストの救いやコーランの啓示のように、単一のシステムによって当該の宗教を要約できる一神教的な世界の場合と異なり、日本の多神教的な宗教世界においては、神話も、神の由来も、死後の世界も、救済理論も、修行のしかたも、お祭りのしかたも、参加資格も、組織体系も、それぞれ微妙に異なる(仏教、儒教、道教、その他の中国的伝統、日本の民俗的伝統に由来する)無数のユニットが、時間軸に沿い、空間的広がりにしたがって、波状に断続しています。そんな複雑な万華鏡的な世界としてしか日本の民俗的宗教の地勢は描写できません。

ちなみに、ひと昔前の日本の庶民の宗教生活の姿というものをひと括りにスケッチしてみるとどうなるでしょうか?

まずは日々の暮らしをコントロールする暦です。今でいえば書店で売っている高島易団の暦のようなものですが、この陰陽思想に基づく暦を繰って、先勝・友引・先負・仏滅・大安・赤口と日の吉凶を知ります。また、田植えや漁にふさわしい日を知り、ついでに方角の善し悪しも知ります。お祭りが来れば適宜身を清めてハレの行事に臨み、お寺では数珠を手にもって仏を拝し、神社に行けばパンパンと拍手をします。坊様、儒者先生、名主様、殿様あるいは天子様には相応の敬意を表し、年末には煤を払って蕎麦を食い、正月には門松を立てて雑煮を食い、節分には豆を撒いて邪気を払い、お彼岸には墓参りをし、潅仏会では甘茶をかけてお祝いし、盆には先祖供養のため坊様に読経してもらい、田んぼが実るころになると秋祭りを行ない、夫婦になるにあたっては三々九度の盃をかわし、安産を願っては子安地蔵を拝んだり子安講に参加したりし、子供ができたら七日目に産神を祀って「お七夜」とし、子供が一人前になったらはじめての褌を祝ってやり、男は四二歳、女は三三歳の大厄など、厄年が来たら神社かお寺に行って厄払いの祈願を行ない、病気になったら占いを立て祟りの原因を探り、山伏なんかに調伏してもらい、あるいは病気によく効く神社を参拝したりお寺で護摩を焚いてもらったりして、六〇を越せば赤いちゃんちゃんこを着て還暦を祝い、いよいよお陀仏となったら、枕元にごはんを盛って箸を突っ立て、親類が集まって通夜を行ない、白いものを着せて坊様に読経してもらい、焼くか埋めるかしたのちは、戒名を書いた位牌を大事にとっておき、初七日をはじめ四十九日まで何度か法要を営み、三十三回忌を過ぎれば、はれて先祖の世界にゴールインとなる……といったような図柄が描けます。

これでさらに個人的に思うところがあれば、熊野詣、お伊勢参りなどをやり、あるいは四国八十八箇所、なんとか三十三箇所などを巡ったり、富士山に登ったりして、それでも足りなければお寺に篭ったり、滝に打たれたり、ついには出家したりというルートがありました。

では、社会変動が起きて、従来どおりのパターンでは生活世界を組み立てるロジックの枠組みが得られなくなったらどうするのでしょうか？　幕末には天理教、金光教などの「新宗教」が起こりました。明治以後のものには大本教、霊友会、生長の家、世界救世教、創価学会などがあります。文明開化後、近代国家のシステムがしだいに成長してゆき、社会組織が精緻化されていくと、個人の魂を救う精神世界のほうも、「新宗教」のような教団組織を発達させずにはいられなかったようです。日本は「新宗教」が続々と誕生する世界でも珍しい地域の一つとなりました。また、国家主義が一個の組織宗教のように機能した時代もありました。

しかし、戦後、表社会の諸制度は「宗教」っ気をなくしました。神や霊や死後の世界や救済とは関係なしに合理的に安寧・福利を市民に調達する、福祉国家と資本主義産業のシステムが爆発的に発展しました。人びとは学校、会社、役所などの世俗の機関にどっぷりとコミットするようになりました。学業の成功、会社の発展、政府のサービスの増大、医療の充実をもって「救済」とするようになったので、江戸以来の民間信仰も、国家主義も、新宗教運動も、平均的日本人の生活世界に提供できる具体的なものを失ってしまったかのようです。

表社会におけるこうした神々の希薄化は、迷信を追っ払った合理化の進展であるのか、それとも苦・老・病・死を身内や町内や仲間と分かち合うイマジネーションに満ちたスピリチュアルな共同体生活の破壊であるのかは、即断できないところです。しかし、なにか生活が殺伐としたものになったと感じる人が増えてきたことも事実のようです。

16

さまざまな宗教

部族的伝統

さて、古代ユダヤ教からキリスト教、イスラム教、仏教を経て、インド、中国、日本の宗教にいたるまで、世界のさまざまな宗教を概観する旅にみなさまがたをお連れしてきましたが、この安直なイメージ・トリップもようやく終着点にたどり着きました。とはいえ、世界の宗教がこれで尽きるわけではは、もちろんありません。本書では、地図上に示されるような規模の大きな伝統――いわゆる「大宗教」――のおいしいところをさらっただけです。これらのどれにも属さないような伝統もたくさんあります。

たとえばアフリカにはたくさんの部族・民族的規模の宗教があります。それらのなかには祖霊信仰のようなものがあり、日本の宗教に似た部分があるとも言われています。アメリカ大陸の土着の諸民族(いわゆるインディアン、インディオ)の宗教や、オーストラリアの先住民(アボリジニー)の宗教についても触れるのが礼儀というものかもしれません。しかしきりがないことですから、それらについてはほかの本や事典におまかせします(比較的よく耳にするインドのシク教やジャイナ教についても、本書では紙数の都合上、言及を割愛させていただきます）。

規模の小さな民族や部族の伝統習慣が無数にひしめく地域の信仰については、「〇〇教」というふうに個別の名前をたててアイデンティファイするよりも、「トーテミズム」「アニミズム」などといった信仰スタイルの学問的名称で十把一絡げに言及することが多いようです。

トーテムというのは、ある部族に属する下位のグループがそれぞれにお祀りする動物や植物やその他の自然物のことです。かりに日本人がすべてイヌ派とネコ派とウシ派とウマ派に分かれるとして、イヌ派は道で出会ったイヌに道を譲り、ウシ派はけっして牛肉を口にすることなく、社会生活のあらゆるカテゴリーをそうした動物に引き寄せて分類して暮らすとしたら、トーテムの信仰というものに似たものになります。しかし、厳密にはトーテミズムというものは存在しないとも言われています。世界各地の「奥地」に分け入った人類学者が現地民の行動や世界観を観察して理論化した一種の仮説にすぎないからです。

アニミズムというのも同様の学問的仮説です。霊（霊魂、精霊、祖霊、死霊、妖精など）を信仰する精神世界だとされています。一神教、多神教という分類の仕方がありますが、「何かの霊が現れた！」というようなとき、この霊はカミサマとまでは言えなさそうである。そこでアニミズムという分類が出てくるのですが、カミサマを信じる宗教の信者も含めて、霊の信仰は人類にかなり普遍的に見られるもののようです。しかし、この「霊」が実際何を意味しているのかは――「神」の場合と同様――かならずしもはっきりとしません。地域地域、部族部族によって人間が実際にやっていることは千差万別ですから、一神教、多神教と同様、〇〇イズムという言葉にこだわっていても実体はほとんどわからないでしょう。

シベリアの少数民族の宗教は「シャーマニズム」という名前で有名ですね。「シャーマン」については儒教の章で軽く触れましたが、霊がつくことでご託宣などを行なう人のことを言います。シベリアの宗教にはこのシャーマンが多いらしい。語源的にはツングース語のサマンに由来するとされますが、その語源をさらに遡るとインド系言語のシュラマナ（修行者）に行きつくとされます。シュラマナを漢字で書くと沙門（しゃもん）となります。シャーマンとシャモン。似てますね。憑霊者じたいはシベリアの専売特許ではなくて、日本を含めた世界中に見られるものです。恐山のイタコ、沖縄のユタなどが有名です。天理教や大本教を含む日本の新宗教の教祖はシャーマン的性格が強いとされます。韓国ではムーダン（巫堂）、パクスー（博士）などと呼ばれるシャーマンがいます（ムーダンは女、パクスーは男）。中国語の巫（ふ）は女性シャーマン、覡（げき）は男性シャーマンを指します。あわせて巫覡（ふげき）と言います。この字からすると神道の巫女（みこ）さんももとはと言えばシャーマンのようなものだったということになります。

「宗教」というのは多様性に満ちた現象です。ありとあらゆる信仰形態があり、〇〇教、△△教という境界線も定かではありません。「おれたちが奉じているのは〇〇教だ」と宣言してしまえば、その名前が通ります。誰にも嘘だと言う権利はない。逆に、〇〇教といったようなネーミングをいまだもたない少数部族の精神世界については、よそ者である人類学者が「〇〇族の宗教」といった名前を与えてくれます。ついでに「〇〇族の宗教はトーテミズムである」といったふうに、当事者たちの与り知らぬカテゴリー分けを施してくれます。

ある社会の住民が行なっていることをよそ者の目で観察してみるならば、その社会で公式に通用している「宗教」とはべつに、さまざまな民俗レベルの信仰形態をつぎつぎと発見していくことが可能です。いわゆる一神教世界においても、ありとあらゆる観念や行動がすべて建て前どおりひとつの神様の信仰に結びついているわけではありません。地図上で「キリスト教」地帯に塗られている地域においても、「キリスト教」ばかりが「信仰」されているとはかぎらない。

たとえば、欧米人が大好きな——有名政治家もまたお伺いをたてるとかいう——「星占い」だって宗教のようなものだと考えることができます。「星占い」はキリスト教の公式の教義に含まれるものではない。しかし、風水や易が宗教に数えられるのなら、占星術だってりっぱな宗教だと言わなければなりません。

これに類するものとしては錬金術というものもあります。これは黄金を合成しようという中世の未熟な化学ですね。どうせできっこないことを幾世紀も続けてきたというのにはわけがあります。黄金造りはあくまでも究極目標です。錬金術師はこの究極目標に向けての無数の「実験」を日々開発してきたわけですが、昔のことですから、そうしたプロセスは科学的というよりは象徴的なものにならざるをえません。つまり錬金術師は薬の配合のようなことをやりつつ、何か瞑想じみた、スピリチュアルな物思いにふけっていたのです。これは万人を救済するというような意味での宗教ではありませんが、心や魂の分析のプロセスという意味では宗教的修行に似たところがあったと言えるでしょう。*

＊ 中国では「錬金術」よりも「練丹術」です。つまり不老長寿の薬（丹薬）を練る技術です。最高級の丹薬はそのまま黄金になるらしい。不老長寿といえば道教の究極目標でもあるわけですから、練丹術を介して宗教なる概念と錬金術とが線で結ばれることになります。

新しい動向（新宗教、ニューエイジ、ファンダメンタリズム）

日本において幕末から現代にかけて無数の「新宗教」が登場したように、西洋社会でも、従来の伝統的キリスト教の枠組みからはみ出すような「新宗教」が続々と誕生しています。トム・クルーズが信仰していることで有名なサイエントロジー（霊的な「クリアー」な境地に達することを求める癒しやカウンセリングに基づく運動）とか、六〇年代のアメリカで人気を博したハレークリシュナというヒンドゥー教系の団体とか、さまざまなものがあります。ハレークリシュナやラジニーシ運動とかというのはインドの伝統につながりがありますが、キリスト教の枠組みに入っているものとしては一九世紀半ばにアメリカで始まったモルモン教などが挙げられるでしょう。モルモン教というのはよそ者からの呼び名であって、正式名称は末日聖徒イエス・キリスト教会です。ただこの一派は聖書ばかりでなく「モルモン経」と呼ばれる独自の聖典も持っているので、伝統的なキリスト教とはしばしば区別されているようです。

近年の西洋社会、とりわけアメリカでは「ニューエイジ運動」と総称される、やはり伝統的なキリスト教とは違う、さまざまな「宗教」的運動が盛り上がりを見せています。日本で言えば本屋さんの「精神世界」コーナーに並ぶ本などに見られる思想運動ですね。癒し（ヒーリング）、瞑想、輪廻、チャネリングと呼ばれるテレパシー的な交流、臨死体験、東洋医学や東洋宗教・東洋哲学などの要素を含むものが多く、「宗教」という言葉を用いるよりも「スピリチュアリティー（霊性）」という言葉を用いる傾向が強いようです。どうもキリスト教やイスラム教などに代表される従来どおりの「宗教」というもののイメージが悪化しているらしい。「宗教」は人間を縛るものだが、もっと開放的な形で意識変容をめざそうではないか、と感じている人たちが多いわけです。

ただ、「スピリチュアリティー」という言葉が何を指しているのかは解釈次第なところがあり、はた目で観察しているかぎりでは、そうした多様な解釈の全体が従来ながらの「宗教」運動のヴァリエーションに見えます。それに、少なくとも東洋の伝統にとっては、瞑想や輪廻などの要素は新規なものではありません。霊性なるものに関しては、伝統的なキリスト教にも厚い伝統があります。「宗教」とニューエイジあるいは精神世界とをはっきり線引きできるものではないでしょう。

また、伝統的なキリスト教の系譜を守ろうとする人びとのあいだでは、強力な「保守回帰」の傾向も目立ってきました。ニューエイジとは逆に、排他的な思想運動です。たとえばテレヴァンジェリスト（テレビ伝道者）と呼ばれるスターっ気のある宗教家が何人かいて、旧来の伝統を守ることを訴えるわけです。いわく、近頃の世の中がどうもおかしいのは、人びとがイエス様の教えにちゃんとしたがわなくなったからである。麻薬漬け、セックス規範の乱れといった道徳的なことから、経済的な不況やアメリカの戦争がうまくいかないなんてことまで、ありとあらゆるものが、キリストの教えからの離反のせいにされます。

ただ、こうした動きが文字どおり「保守的な」もの——つまり昔からの伝統をそのまま保持しようとするもの——と言えるのかどうかについては異論もあります。本人たちが昔から変わらぬものと考えている信念や行動がじつは近代になってからの産物であることも多い。当事者にしてみれば「まったく正しい、オーセンティックな教え」を実践しているつもりなのですが、やはり自己流の解釈は免れません。一般社会から見れば、一種の「新興宗教」あるいは「カルト」としか思えないわけです。

なお、アメリカなどにおける保守的プロテスタントの動向を「ファンダメンタリズム（根本主義、原理主義）」と呼ぶことがあります。このネーミングは一部のプロテスタントがキリスト教の「根本事項（ファンダメンタルズ）」なるものを主張したことによります。根本事項のなかには、聖書の内容は百パーセント間違いがないこと、神様が天地を創造したこと（したがって進化論は嘘だということになる）、イエスが行なったような奇蹟が実在すること、さらには（一部の流派では）もうすぐ世界が終わってイエスの再臨が始まること、などが含まれています。彼らはおおむね近代の世俗世界に敵対的ですが、「強いアメリカ」を支持するなど、世俗的ナショナリズムと一体化している側面もあります。

こういう保守派に対して、もっとキリスト教を「象徴的」に解釈して近代生活に順応している人びとが社会の多数派を構成しているわけですが、そうしたリベラル組とファンダメンタリスト組との境界線ははっきりしないようです。

キリスト教ファンダメンタリズムになぞらえて、わりに過激な形で政治化したイスラムの動向を「イスラム原理主義（ファンダメンタリズム）」と呼ぶことが習慣となりました。イランのホメイニ政権、エジプトのムスリム同胞団など、ジャーナリズムの世界ではさまざまな原理主義者が数えられています。そのなかには庶民的な活動家から過激なテロリストまで幅広いグラデーションがあります。あたかも世俗的自由主義者のなかに福祉活動に励む穏健派から世界改造を夢想する国家戦争の推進者までのグラデーションがあるようなものです。ほとんどのイスラム教徒はコーランの内容を「百パーセント真実」だと信じていますから、イスラム教徒はみんなファンダメンタリストだということになりかねないのですが、そういう漠然とした言葉遣いは無意味でしょう。プロテスタントにはプロテスタントなりのお家の事情が、イスラムにはイスラムなりのお家の事情があります。イスラム教徒とクリスチャンとではライフスタイルが異なりますから、「保守」も「根本」も「過激」も意味内容が異なってしまうのです。*

* 中東世界では西欧型の国家建設がなかなかうまくゆかず、欧米社会もしばしばかなり恣意的な中東戦略をとっていますので、イスラム教の社会復権を掲げる団体やらネットワークやらが国家代わりを務めようとして台頭してくるのはじゅうぶんに理解可能なプロセスなのかもしれません。これを「自由」の危機と見て、パワーにもの言わせてモグラ叩きのように叩くことで、西欧的権力構造はますます信用を失ってきました。不幸な構図ですが、中東における緊張関係の激化をめぐって何らかの社会心理的原因を見つけようとするとき、イスラム、西側双方の「原理主義」なるものが便利な概念として引っぱり出される傾向があるようです。

以上眺めてきたように、現代の西洋社会でも、中東社会でも、日本などと同様、新しい宗教的動向がさかんに沸きおこっています。あるものは伝統からの断絶をめざし、あるものは伝統への回帰を標榜しています。「宗教」というものの様相が、だんだん複雑化してきている。「神様の言いつけを守る」というような、従来ながらの宗教のイメージにあてはまらないものも増えてきている一方で、病気を治したり、何か不思議な儀礼的な行動をとったり、超自然的なものを信じていたりと、いかにも「宗教らしい」という感じも保持されております。

そこであらためてひとつの疑問が浮かび上がります。これだけ多様性に富んだ「宗教」って、いったい何なのだろう？　それは結局ひとつのものであると、本質を同じゅうする一種類の現象であると、ほんとうに言えるの？　という疑問です。

17

デジタルなアイデンティティー

「宗教」という言葉

「宗教」という日本語は明治期の翻訳語です。日本人の多くが正月に神社仏閣に詣でにゆき、葬式もお寺で上げるのが慣例になっているにもかかわらず、あらためて「あなたには宗教はありますか?」とインタビューしてみると「いえ、とくに」という答えが返ってくるケースが多い。はた目には宗教的な行動を行なっているというのに、当人たちにそういう意識はない。

これはしばしば日本人の「無自覚性」の例のように言われていますが、こんなことが起こるのは、ひとつにはこの翻訳語がじゅうぶんに日本語として定着していないせいもあるかと思われます。明治以降、なんとなく西洋人は精神性の高い理念的な教えを守っているかのように言い伝えられることが多かった。そうした立派なものが「シューキョー」だと言われつづけていれば、「じゃあ、神社からお札をもらったり、地鎮祭に神主さんに来てもらったりするのは、シューキョーなんて大げさなものじゃないべえ」と思うようになるのは自然です。

また、行政上の都合で「宗教法人」という組織が認定されておりますが、こうした組織にメンバー登録した記憶があるかないかも、自分が「宗教」に属しているか属していないかの区別の意識をもたらします。はた目にはけっこう信心深そうに見える人でも、特定の団体に会員として加入したという経験がない場合には、自分が「宗教」に属しているというふうにはなかなか思いつきません。

ようするに「宗教」という日本語は、何か特殊なものへの帰属を表す言葉となっていると言えそうです。普通の人よりも高尚なことをやっているか、あるいは普通の人が属さないような特殊な団体に属しているか。

今日、世界の各国の辞書を引くと「宗教」とか religion とかに相当する単語がかならず見つかります。韓国語のチョンギョ（宗教）、中国語のツォンチアオ（宗教）は明治の日本語からの輸入でしょう。ヒンディー語ではダルムと言いますが、これは古典インド語でいうダルマ（法、規範）に由来する言葉です。タイ語ではサーッサナー、インドネシア語でアガマ、アラビア語ではディーン、ギリシャ語ではスリスキア、ロシア語でリリーギヤ、フランス語でルリジョン、ドイツ語でレリギオン、オランダ語でホスティンスト、等々です。ハワイ語ではホオマナです。ホオマナ・ケパニーは「日本人の宗教」という意味で「仏教」を意味するんだとか。ホオマナに含まれる「マナ」は超自然的なパワーを意味します。マナはオセアニア人の宗教的概念として人類学の世界ではよく知られた言葉です。

これらの語にはそれぞれの言語の歴史を背負った固有の意味合いが含まれているはずですが、大事なことは、今日、これらの語が相互に翻訳され合う関係にあるということです。日本人の書いた文章のなかに「宗教」という言葉があれば、それはレリジョンと英訳されます。それをアラビア語に翻訳すればディーンとなる。グッド・モーニングがおはようで、メルシー・ボクーがカムサハムニダだというのと同じノリです。

宮古島の人に「地元ではこんにちはってどう言ってる？」と聞いたら「何も言わずに家にずかずか上がる」とのことでした。宗教だってじつはこんにちはのようなものかもしれません。つまり、生活の現場ではそんな言葉は生きていないのかもしれない。「あなたのホオマナは何ですか？」「私のホオマナはホオマナ・ケパニーです」――会話練習帖にありそうな言い方ですが、それが生活の実態とくっついているかどうかは定かではないでしょう。*

＊　ちなみに、辞書だの会話入門書だのというのはかならずしも当てになりません。知里真志保さんというアイヌ語学者によれば、明治時代にアイヌ語の辞書を作った宣教師のジョン・バチェラーさんが、カムイ・ションゴ・コロ・グル（天使？）、アイヌ・イキリ・カ・オマ・ウェン・ブリ（原罪？）とかといったアイヌ語の体をなしていない「幽霊語」をたくさん発明したらしい。善意からやったこととはいえ、こういうのってほんとうにいいのかな？　と心配になります。

辞書と学問の世界には「宗教」という（たがいに翻訳関係にある）世界共通語が成立しました。この世界共通語には、したがって、一九世紀から二〇世紀にかけての西洋のキリスト教神学やら宗教学やら人類学やら社会学やら心理学やら哲学やらの知見がたっぷりと染みこんでいます。たとえば、現代の日本人に「宗教」って何だと思うかと聞けば、その答えのなかには「救済」だの、「カリスマ」だの、「タブー」だのという言葉が混ざっているかもしれません。カリスマというのは社会学の用語、タブーというのは人類学の用語です。

私たちの「宗教」イメージはなかば西洋直輸入の学問によって形成されたものです。今日、世界中のさまざまな伝統が「宗教」という言葉でひと括りにされ、教科書や地図帳に載り、テレビの教養番組や本書のような解説書で紹介されているのは、こうした学問的伝統が築きあげた成果です。地元民の生活や知的営為のなかから自然発生的に「宗教」概念についての合意が成立したわけではないというのは、覚えておいてよいことです。

似たもの探し

どんな民族も自己中心的なものですが、西洋人もまたその例に漏れませんでした。人類救済の道はただひとつ、キリスト教しかない、と昔の西洋人が信じていたとしても、あながち責められることではない。しかしそんな誇り高い世界でも、時代がくだって教会の権威もしだいに衰えてくると、世界中の「宗教」を中立的に眺めてみようという気運が生まれました。一八世紀から二〇世紀にかけてのことです。

さて、そうやって彼らがあらためて虚心に世界を眺めてみると、さまざまな民族がさまざまな習俗をもっています。では、そのなかのどんなものを「宗教」と見立てればよいのか、ということになります。

キリスト教は、神の概念、救済の理論、礼拝その他の儀礼、戒律、修行のプログラム、聖典、聖職者、教会などといった要素から成り立っています。これと多かれ少なかれ似ているものをあちこちの伝統のなかに探っていけば、たいてい何かは見つかるはずです。たとえば、カトリックの修道士という存在も、仏教の坊様という存在も、似ているといえば似ています。十字架に向かってひざまずいて祈るのも、仏像に向かって手をすりあわせて祈るのも、鳥居の向こうに向かってパンパンと手を打つのも、大差ないように思われます。「似たもの尽くし」をしていくと、どんな山の奥でも、ジャングルのなかでも、たいがい人間は似たようなことをやっている。

そういった次第で、世界中の「宗教」のリストが積み上げられていきました。人類学者、東洋学者、言語学者、宗教学者、社会学者、心理学者の努力の成果です。それと同時に、「宗教」という言葉（の翻訳語）も世界中に普及してきました。人びとの習慣や伝来の教説のなかに「宗教」というものを見いだしていく標準的な見方というのが、教育者や行政官の努力によって普及してきたのです。

今日の私たちは、世界中のさまざまな「宗教」を紹介されて、その意外さや珍しさに感嘆の思いを抱くことがあるとしても、そうしたものがいずれも一律に「宗教」と呼ばれることに対して、とりたてて奇異の念を抱くことはありません。

宗教は多種多様だが、いずれも、何か目に見えない神聖なる存在に向かって加護や救済を願ったりするもののことである——。私たちの「宗教」理解はおおむねそんなところでしょうか。世界には何か深い問題がある。それに触れるとき、人は神だの霊だのという合理性を越えた存在について語るようになる。また、そうした存在に向けての不合理的な行為（儀礼）を演じたりする。さらにまた、そのような雰囲気のなかで、社会の全メンバーが絶対的な権威を帯びたオキテに合意したりする。宗教とはざっとこのようなものだということになっています。

宗教と世俗——どう線を引く？

宗教について大雑把な合意ができているのだとすれば、それはめでたいことにはちがいありません。しかし、具体的に考えてみるならば、「宗教」が生活のなかのどの領域をさしているのか、その範囲はやや曖昧なようです。

たとえば、つぎのような例について考えてみましょう。

①ある人びとにとって、この世界でいちばん大事なことは、天の神様が全宇宙を主宰していることです。たとえばクリスチャンはこんなふうに考えています。この場合、人間の行動のすべてはこの神様の救済プランに引きつけて解釈されます。

②別の人びとにとっては、この世界でいちばん大事なことは、輪廻との関係において悪い籤を引かないこと、できれば輪廻から離脱（解脱）することです。この場合、人生の万般はこの目標のための修行と考えられます。

③また別の人びとにとっては、神様のプランだの輪廻宇宙だのというロジックはどうもはっきりとしない。そういうことはブラックボックスのようなものであって、結論がでないものである。むしろこの世に生きる者としていちばん大事なことは、正しいマナー（礼儀、儀礼）に沿った行動を行なって、恥ずかしくない人生を送ることである。

④さらにまたある人びとにとっては、神様も輪廻もへったくれもない。礼儀だってどうでもよろしい。ただ、個人的に楽しいと思う人生を上手に構築することだけが大事なことである。

これらのどの事例も、人生における究極的に大事なことについてのそれぞれなりの解釈であると考えることができます。では、このすべてを「宗教」というふうに見立ててよいのでしょうか？　パッと見には、①②はいかにも宗教的ですが、④は世俗的です。③はなんだかよくわからない。

しかし、よく考えてみると、①②③④の境界線は曖昧です。

①と②には神様とか輪廻とかという超自然的な観念の規定がありますから、いかにも「宗教」っぽい。③はそうした観念において曖昧なところがあり、むしろひたすら行動面を重視する立場です。では、これは「宗教」から外れるのか？　しかし現実には③のような側面も重要です。人間にとって神学的ロジックはつねにオープンクエスチョンなところがありますから、①②と③のあいだに画然とした区別は立てられません。④についてはいかにも「世俗」的であって、「宗教」とは対極の位置にあるように思われます。しかし、④にだって倫理やマナーがあります。「個人的に楽しいと思う人生を上手に構築する」ということを徹底していくと、行き当たりばったりな暮らしをしていくわけにはいかなくなります。かえって修行僧のようなきびしい自己管理をしている場合がある。では、③と④との境界線だって曖昧です。

かりに、「宗教」のポイントは神だの霊だの解脱だのといった超自然的な観念だけであると決めるとします。しかし、観念というのは奔放なものです。観念の具体的な意味というのは、勝手気ままに動くことが多い。

ある人にとっては、神様の教えにしたがうとは、「自由」「積極性」「尊厳」「平和」といった抽象的な心がまえのようなものに目覚めることであって、家庭のきりもり、会社の業務、選挙の投票、市民運動などに関する具体的な行動の指針に直接影響を与えるものではありません。

別の人にとっては、神様の教えにしたがうとは、伝統的な戒律にしたがって家庭や会社や政治における具体的な行動を決定することです。

また別の人にとっては、神様の教えにしたがうとは、天から届くテレパシーにしたがって、常識的判断を超えた行動をとることです。

この三者は同じく「神様」の権威を借りてものを語っているかもしれませんが、実際面において行動していることはバラバラであるし、日々の生活のプランの立て方にも大きな違いがあります。人生の具体的な実践過程において、「宗教」(神様の教え)が果たす役割も位置づけも異なっている。ある場合には「宗教」に具体性はなく、ある場合には「宗教」はきわめて具体的なものです。どういうのを「宗教」と呼ぶのもけっこうですが、そうやって統一的に呼ぶことにどれだけの意味があるのかは考えてみなければならないことです。

ふるまいの道

人間の行動というのは、みな相互に関連しあったものです。林間学校のスケジュール表みたいに、勉強、自然観察、休憩、食事、自由時間、就寝というふうに目的別に行動をきちんきちんと分けられる人がいたら、驚異的ですね。仕事と遊びをいっぺんにやっている人なんてざらにいますし、公私に区別のつけられない人だっています。「宗教」的な行動と普通の日常的な行動というのが簡単に分けられないとしても、不思議ではありません。

さまざまな民族の伝統のなかに、祈りとか儀礼とか、何か「宗教」的な要素を見いだしたとします。しかしそれが、その民族の日常生活のローテーションからきれいに切り分けることができるとはかぎらない。また、ある伝統における宗教と日常の境界線の立て方は、別の伝統における区別の仕方とは異なっているかもしれません。

日本の時代劇を見ていると、殿様と家来や客人はたがいに向き合ってそれぞれ定位置に座っています。いくらお座敷が広くても、みんなが勝手気ままな位置に座ったりはしない。殿様だって自分の部屋のなかをうろうろしたりはしない。だいたい部屋のなかに上手と下手の区別があって、床の間がその神聖な方向を規定しています。江戸時代の武家屋敷の図面を見ると、玄関から奥の間まで何段階にも分かれた階級をなしていて、お客は身分によってどこまで入れるかが決まっています。で、どの段階においても、床の間を背に主人が座る上段の間と、それに対面してお客や家来が座る二の間、三の間というセットになっています。こうした方向づけを無視して部屋のなかを斜めにずかずか歩くなんてことは、子供にだって許されないことでした。

これなんかは外国人の目にはひどく不自由なものに映るにちがいありません。主人も客人も規則に縛られています。そしてこの儀式めいた空間の使い方は、キリスト教の教会堂の内部の神聖な方向づけに似ていると言うこともできそうです。ギリシャ・ロシア式の教会では正面にイコノスタシスという大きな壁面があり、そこにたくさんの聖画(イコン)が飾ってあります。その壁に開いている扉口を聖職者が出入りして宗教儀式が進められるわけですが、一般信者が勝手に奥の間に出入りしてよいわけではありません。ギリシャ方式でなくても、一般にキリスト教会には、十字架のある神聖な方向というものがあります。仏教の寺院だって同様です。法隆寺の金堂や五重塔の内部を今では修学旅行生がおしゃべりをしながら拝観していますが、創建当初にはそんな罰当たりなことは誰もしませんでした。あれはホトケの空間なのであって、坊様も含めて人間が無頓着に出入りできる空間ではなかったのです。

こうやってひき比べてみると、日本のお武家様の公的生活とは、まるで教会堂やお仏殿のなかでのふるまいのように、神聖な方向づけに縛られていたことになります。真正面を向いてきちんと正座しているその姿といい、しゃちこばった仕草やもったいぶったしゃべり方といい、武士というのはまるで修行僧のようです。では、この場合、いったいどこまでが宗教の領域で、どこからが世俗の領域ということになるのでしょうか？

武士にかぎらず、一般に日本人の仕草には、儀礼的と言っていいような様式が目立ちます。もちろんいまどきの日本人はテレビを前にしてカウチでひっくりかえって、どっちの方向にも足や尻を向けてごろごろしているのが常態かもしれませんが、それでも、会社において、宴席において、その他あらゆる社会的な場所において、儀礼的パターンに則って行動するという習性が消えてなくなったわけではありません。

キリスト教的な伝統においては、教会でミサをあげたり、聖書を読んだりするのが「宗教」的であり、日常生活の形式的パターンとは別のことであるかもしれない。日常生活のいっさいを儀礼的行為に捧げている人がいるとしても、それは修道士という特別な人間であって、修道士じたいが俗人とは区別されるかもしれません。

しかし、日本人の伝統的な空間の使い方と身体的な動作を観察しているかぎり、ふだんのライフスタイルからして儀礼的なところがあり、場合によっては修道士めいて見えるところがある。お寺詣でをしたりお葬式をやっているときばかりが「宗教」的だとは決めつけられなさそうです。だいたい茶の湯にせよ、剣道にせよ、和歌敷島の道にせよ、日本には「宗教」とも「世俗」ともつかない儀礼的なパフォーマンスがたんとあります。儒道、仏道、神道、武士道、剣道、茶道、歌道……と数えていけば、境界線はだんだんはっきりしなくなります。

こころとかたち

どこまでが「宗教」であり、どこからが「世俗」なのか？　結局、この一般的な答えは存在しないと言っていいようです。あくまでも当事者たち、あるいは傍観者たちの解釈しだいなところがあるからです。

「宗教」をめぐっては、私たちは二重の視点をもちつづける必要があるのかもしれません。一方では、もろもろの民族的伝統の違いを越えて、「宗教」的な意味世界、精神世界というものが横断的に存在するように思われます。しかし他方では、その「宗教」世界なるものの範囲や意味づけは、それぞれの伝統ごとに異なるということを重視しなければならない。「宗教」というカテゴリーが自律的に存在しているわけではないかもしれない。

また、もし人間の精神がかならず具体的な行動のかたちを伴うものであり、そうした行動は日常生活の種々相において実演されていくものだとするならば、宗教と日常性とはそう簡単には切り離すことはできないはずです。

「宗教」とは何か？　という問いは、精神と身体、こころとかたちとの関係をどう見るのか？　という問題と密接にかかわっております。


長い中世が終わり、近代という新しい時代が始まり、ヨーロッパ人が伝統的なキリスト教会の権威から脱して、新たな社会の仕組みを生み出していったとき、観念的なこころの問題としての「宗教」と、社会的実践の世界としての「世俗」とが、しだいに区別されるようになってきました。

すでに前の章でも触れたように、近代の西洋人は、日常の社会生活の万般にわたって、行政府、学校、企業、病院、軍隊などのシステムに乗っかって暮らすようになりました。個々人の日常生活は、こうした世俗の機関が提供する合理的プログラムにしたがうように躾けられたわけです。

他方、個々人のこころの中身までは政府や企業が支配できるわけではないので、趣味や教養といった精神的な側面は、プライベートな世界として確保されることになります。この個人的な「精神世界」のなかに「宗教」というものがちょこんと収まるようになってきた。

こうして、個人のシンボリックな内面世界としての宗教と、社会生活を送るうえでの具体的な、からだを使った行動的世界との分業が成立しました。西洋人は、精神化・内面化された「宗教」を手に入れました。そして、学者たちは、この「宗教」に相当するものを、アジアやアフリカの諸民族のライフスタイルのなかに探すようになったのです。

他方、アジアやアフリカの諸民族のほうでは、西洋人の指導のもとに、近代的な政府、学校、企業、病院、軍隊などの制度を導入していきました。すなわち文明開化、近代化です（場合によっては植民地行政官が西洋的制度の導入を強制しました）。そのさい、「宗教」と実用的な社会行動とが画然と分かれていないアジア・アフリカの伝統的ライフスタイルは、変更を余儀なくされました。たとえば会社や役所や軍隊の業務を遂行するにあたって、イスラム教や儒教の伝統的な慣習をそのまま持ち込んでやっていくわけにはいかなくなりました。イスラム教や儒教はあくまでも魂の糧あるいは精神的訓戒といったものにとどめるようにして、日常の世俗的業務のいっさいは近代合理主義の見積もり計算によって営むのが望ましいということになったのです。

かくして「宗教」という言葉が、各国語において標準的なステータスを獲得しました。もともと宗教と非宗教との境界線は曖昧だったはずなのですが、近代化・文明開化が進行するにつれて、日常的なビジネスや政治や経済の世界と、個人の魂の内奥にかかわる何かとしての「宗教」との図式的分離が進行したわけです。

「昔の人びとは宗教的であった」「ヨーロッパは合理的だが、アジアは宗教的だ」というのが常識的な認識ですが、それとは逆に、「宗教は近代のヨーロッパにおいて生まれた」と言う見方も成り立ちえます。「宗教」が人生のなかで屹立した独立領域になったのは、西洋の近代においてだからです。

アイデンティティーの時代

朝鮮半島の付け根のあたりからアムール川沿岸域にかけて、古代から高句麗、渤海、女真といった民族だか国家だかが勃興しました。高句麗は朝鮮・韓民族のご先祖様の国家だと私たちは思っていますが、国内に朝鮮族をかかえる中国としては、高句麗もまた「中国の歴史」の一部として扱わないと気がすまないようです。そこで韓国と中国の歴史論争が始まるわけですが、少なくとも傍観者的には、近代法によって定義される近代国家の国境を過去の歴史の記述の枠組みとして利用することには無理があるようにしか思えません。しかし事は政治的な問題です。北方領土はロシア領、日本領という以前にアイヌ領だったのでは？　などと言っても「話をややこしくするようなことは言うな」と叱られてしまうでしょう。政治的ゲームにおいては想像上の過去までもが自国の財産のように扱われることになります。

今日、二百に近い数の国家が地表のほとんどを線引きしてそれぞれに主権を主張しています。これは近代の政治・法律システムが要請する約束事であって、単純な即物的事実の反映でないことは、みなさまもおわかりだろうと思います。「民族国家」とは申しますが、民族なる概念がはっきりと規定できるケースはそんなに多くありません。

国民や民族の単位を区切るものとしては「言語」が明確なように思われます。しかし、言語には無数の方言差というものがあり、方言のなかの比較的大きなものが「～語」として認定されているだけだとも言えます。この認定を行なうのはどこかといえば、それが国家です。国家がある範囲の方言群をひっかきあつめて「～語」という標準語を打ち立てるのです。というわけで、フランス人はフランス語をしゃべりスペイン人はスペイン語をしゃべるというデジタルな区分は、それじたいが政治的な産物であって、実際にはスペイン北東部の人びとは日常的にはカタルーニャ語を話し、フランス最南部ではプロヴァンサル語が現役言語として生きております。そしてパリのフランス語、南仏のプロヴアンサル語、北東スペインのカタルーニャ語、中部スペインのカスティリャ語というのがすべて巨大なロマンス語の方言です（もちろん方言はもっともっと細かく分かれます）。「フランス語」「スペイン語」というのは政治的産物です。自然発生的事実ではありません。

『最後の授業』という有名なお話を通じて私たちはフランス領のアルザス地方がドイツ軍に占領される悔しさに共感しましたが、しかし、それは政治的主権の問題であって、言語の問題はいっそう複雑です。というのはアルザスのフランス人の日常語はドイツ系言語だからです。一般に国境と言語の境は一致しません。スイスではドイツ語、フランス語、イタリア語、ロマンシュ語が話されているというのはよく知られており、スイス人もこれを当たり前のことと考えています。しかし、たとえばアメリカにじりじりと増えてきたヒスパニック系住民の一部がスペイン語しか話さないという事実に対しては、多数派（英語派）のアメリカ人は「許しがたい」ことのように感じています。土地により、国籍、言語、民族のもつ政治的意味合いが異なっているのです。

ひとつふたつと数えられる「宗教」もまた、国籍、標準語、民族と同様、近代の社会システムが育てあげ、アイデンティティーを与えた概念です。世界宗教地図を色とりどりに塗り分ける大宗教というのは、近代が生み出したアイデンティティーであると言えるでしょう。歴史的に見て、ことさらに境界線にこだわりを抱きつづけてきたのはユダヤ教、キリスト教、イスラム教の三兄弟です。とくに西欧のキリスト教は自他の区別にうるさかった。それが近代になって、ありとあらゆるものを官僚的に区分けしなければ何事も進まないような時代が訪れて、「宗教」や「宗派」のアイデンティティーがやかましく言われるようになり、その標準的な教理を信徒の全員が共有しないではすまされなくなっていきました。

よく勘違いされることですが、昔の人たちはみんな「宗教」的だったから異教どうしで喧嘩ばかりしていただろう、近代になってせっかく合理化されたのに、今もなお宗教戦争なんてことをやっているとは中世の暗黒時代を少しも脱却できていないではないか、と考えるのは話が逆転しています。昔の人は現代人のようにIDナンバーを背中にしょって統一管理されるなんてことはありませんでしたから、カタログ的思考にはむしろ疎く、異なる伝統的習慣をもつ者どうしがケースバイケースで協力したり距離を置いたりしながら、なかば混交して共存しあっていたケースが多かったと思われます。今日のイラクにおけるスンナ派とシーア派の対立、パレスチナをめぐるイスラム教徒とユダヤ教徒の対立、インド亜大陸におけるイスラム教徒とヒンドゥー教徒の対立、ヒンドゥー教徒と仏教徒の対立……というのは、やたらとアイデンティティーに敏感になった――そしてそれが政治化せざるをえない――まさしく今日的な出来事と見るべきでしょう。

「宗教」間の対立の背景には、近代国家の建設プロセスにおける社会の組織化の問題があります。近代国家においては、国民の政治的権利の行使のため、また国民の福祉のため、徹底的な住民管理が求められます。そのとき、住民が帰属する宗教の特定化が行なわれ、そして選挙の場合のように数の競争が行なわれます。経済状態や社会的境遇においてつねに比較と数字合わせが行なわれますから、人びとは自分の帰属する宗教や宗派のアイデンティティーを気にし、その立場や境遇に関していちいち喜んだり腹を立てたりしなければならなくなります。今日の宗教間対立の多くは中世的な伝統に由来するものというよりも、植民地統治による撹乱、そして資本主義的競争のもとにある近代国家に由来するものだと言うべきです。

以上、近代という時代が「宗教」というジャンルを浮き立たせ、そして個々の宗教のアイデンティティーを鮮明にし、民族的敵愾心を育て上げ、文明の衝突を演出してきた、という一連の流れをざっと追ってきました。このことを私たちはもっと理解しておくべきでしょう。

宗教とはまったく個人的な救済にかかわるものだと多くの人は思っていますが、個人的な救済というロジックの枠組みは、近代社会という巨大なゲームの上に成立しているのかもしれません。すべての問題は循環しています。世俗の論理を超越しているのが宗教のロジックであるかに見えて、その宗教を密かに支えているのは世俗のゲームであるかもしれないのです。

18

あっちとこっち——宗教的次元（?）と日常的次元（?）

アナザー・ワールド

あれこれとずいぶんいろいろな宗教があり、しかも宗教と宗教以外の境界線にあやしいところがあるというのに、とにかく世界のさまざまな宗教の話を聞いて、とりあえずわかった気になれるのは、世俗的な現代人にしても、何か尊いものをあがめたりパワーを感じたりする経験をしたことがあるからでしょう。

あがめるということでは、子供は親をあがめ、後輩は先輩をあがめ、ヒラは上司をあがめ（いずれも最近はそうでもありませんが）、ファンはスターをあがめています。悟るということでは、誰だって人生のどこかの段階で目からうろこが落ち、地平がパッと開けるような思いをしたということはあります。

こいつぁ困ったというせつない経験のあとで、心底救われたという思いをしたことがある人であれば、救済の類推はつきます。ちょっとうまい話にひっかかったとか、ある日の星占いをちらっと信じたことがあるとか、わずかのことで「ひょっとして俺って天才ではあるまいか」と思ったことがあるとか、そんな人であれば、予言を信じる素質があると言うべきです。よく考えてみれば合理的な根拠は見当たらないのに、漠然と他人や会社や役所の言うことを信じたことのある人であれば、教祖にしたがう初級訓練は済んでいる……

あがめるといい、悟るといい、信仰するといい、平俗なこっち側の世界から何か一段高いところにあるあっち側の世界を見つめる眼差しを含むものです。この二つの世界の区分の上で、救済だの、予言だのという営みが行なわれ、教祖だの聖典だのという聖なる存在が権威を獲得していると言うことができます。

あの世とこの世、神様と人間、聖なるものと俗なるもの、という上下の区分は伝統的宗教の世界において珍しいものではありません。上位のものは、たとえば聖書や位牌や仏像のように目に見える物体や、教祖や法王や聖者のように目に見える人間であることもあります。あるいは天国とか、霊とか、終末とか、目に見えない完全にあっち側の存在であることもあります。あっちすなわち聖と、こっちすなわち俗との区別が、宗教の基本、つまりあらゆる宗教に共通する本質部分であるとしばしば言われています。

しかし、あっちとこっちの区別というのは、宗教を際立たせるものというよりは、世俗的世界と宗教の世界とを同じ地平に結ぶものと言えるかもしれません。なぜなら、私たちが宗教なるものに対して、自分たちを世俗的と規定することじたいが、あっちとこっちの区別を反復再生するものだからです。

あっちとは何か？　ひとつには、日常の論理ではわりきれない「アナザー・ワールド」として想定された空間のことです。信者たちは、自分たちを超えた異界にあっちを見る。そして外部の人間は、こうした信者たちの意識そのものにあっちを見ます。

あっちとはまた、日常世界の秩序に何らかの根拠づけを行なうと、あるいは日常の秩序を権威をもって裁くと想像された存在です。しかし、究極的な根拠や究極的な権威についての語りがあるとき、それが宗教的なものであるのか世俗的なものであるのかを区別するのは容易なことではないでしょう。

たとえば、皮肉な人は「西洋人は神様を信じているが、日本人は西洋人を信じている」と言います。何か新しい制度などを導入するとき、西洋の知識人はさまざまな論理をひねくりだしますが、いよいよのところで聖書や教会の権威にたよったりすることがある。聖書があっち側にあると見立てて、こっち側のロジックにお墨付きを戴こうと願うのです。これなんか奇妙な論理に見えますが、日本人もまた、しばしば、新制度の導入の最終的な根拠づけとして、「西洋で導入されている」「アメリカでは常識である」という、厳密には論理的でない根拠を持ち出すことがあります。つまり西洋があっち側で、日本がこっち側である。西洋人は聖書の権威にしたがい、日本人は西洋の権威にしたがっている。どのみち不合理な権威ですが、そこに宗教と世俗の違いがあるかどうかは判然としません。

ともあれ、あっちとこっちの対照・対話・対決は私たちの世界に横溢しています。これまでの章では、世界各地の宗教をパックツアーでざっと見てきましたが、本章では趣向を変えて、世俗社会に生きる現代の個人にとってあっち側の世界――日常のロジックを超えたアナザー・ワールド――が求められる意識の諸相を見ていこうと思います。

あっち側を求める

そもそも私たちの思考には、こっち側の日常世界に対してあっち側の宗教世界を想定しようという精神的誘惑を断りきれないところがあります。

具体的な「宗教」を信じていない人にも、何か私たちの日常性を超えた、もう一個別の次元というか、そこまで行かないとしても、ふつうの常識的見解をはみ出た経験や意識や働きといったものの存在する余地を残しておきたいという気持ちがあります。

人間を超えたカミサマの働きがあると言いきりたいわけではない。しかし、人間の意識そのものが意外と深い奥行きをもっているかもしれない。昼間の覚醒の裏側に夜の夢幻の世界があるように、表社会の裏にヤクザ社会があるように、日本の裏側にブラジルがあるように、私たちの知っている世界の全体をもう一枚超えたところに異次元界があると考えるのは、むしろ自然なのではないか？

論理的には「あるかもしれないし、ないかもしれない」としか言いようがない場合には、無理に「ない」と断言し去るよりも、とりあえず「ある」という建て前にしておいて、ただそこを空欄にしておけばいいではないか？ ——こうした考え方はどこかお役所的でもあり、また、あらゆる日用品にそのスペアを一個用意しておかなければ不安でならないという小市民的ケチ根性に似てなくもありませんが、これに数学的期待値のようなものをかけあわせて統計学的思考を施せば、「ないと考えてそれが正しかったとしても何の得にもならない、ないと考えてそれが間違っていたのなら損をする、あると考えてそれが間違っていたとしてもただそれだけのこと、あると考えてそれが当たっていたのなら万々歳である」、ゆえに「あるに賭けよう」というパスカルの来世論のようなものとなります。

それはともかく、あっち側の世界あるいは霊性の次元のようなものを想定しておくことは、善良なる市民たる者のその善良性のためには必然的なことだとも考えられます。

なぜ？

たとえば、病院での、あるいは自宅での、病者の看護ないし介護のような場合を考えてみましょう。私たちの知る日常世界は、いっさいが効用の観点から組織化されており、働きのある奴は儲け、働きのない奴は隅に引っ込んでいるのが当たり前であり、働きのない者にしても、将来花を咲かせるために営為努力しておりますとか何とか、前向きのベクトルを示していなければなりません。共同体生活のいっさいが合理化・効率化され、無駄を見つけては穴を埋めてゆき、究極的にはＩＣチップのようにきりきりに精密なシステムとなることをよってたかってめざしている私たちのような社会にあっては、直接的には負担となるばかりで何の効用ももてない、さらには前向きのベクトルさえもつことが難しい病人や老人（さらには幼児、障害者）といった人びとに対して手を差し伸べ、手厚くケアすることをじかに正当化してくれるような論理を見いだすことは困難です。

病人に対して「頑張って養生して、すぐに現場に復帰してくれたまえ」というのでは、一部の人の救いにしかなりません。病状はさまざまです。そんなに簡単に社会復帰できるとはかぎりません。しかもどんな病気になるかは、それこそカミサマの決めることであって、当人の責任ではない。不養生が病気を招くこともあるかもしれないし、ふだんから検診を受けていればよかったということもあるでしょうが、それがすべてではない。誰がいつ何時、どんな目に合うかなんて全然予想がつかない。ビジネスの論理では「リスク」をも「想定内」に納めることが「自己責任」とされていますが、

「自己責任」を超えた「想定外」の「リスク」が突如現れるのが自然の摂理です。人間は肉体ある存在であり、肉体はかならずや故障し、衰え、朽ち果てますから、病者や老人ならずとも、本質的に人間は後ろ向きのベクトルをかかえているとも言えます。死がもし最終ゴールであるのなら、人生のどこかの段階で人はもはや「成功」に向けてポジティヴに生きることができなくなります。

（空間的に言えば）日常世界の内部ではもはや効率計算ができない地点というものがある。それゆえ、非日常世界の論理回路がなければ、病者や老人や決定的弱者を究極的に救ってあげることができない。

（時間的に言えば）死の手前側ではもはや収支決算が合わない時点というものが来る。それゆえ、死の先の世界を目標とする論理がなければ、死の確実に見えている人間をポジティヴに生かしてあげることができない。

　いずれにせよ、たとえふだんの生活がヤクザなものであったとしても、そこそこ善意や良心というものを信じている私たち平凡な小市民としては、病人や老人を日常世界の隅っこで消え入るままに放っておくわけにはいかないし、自分が病人や老人であった場合には、ほったらかされるなんて御免です。突如現実化した病・老を前にして、日常性を超えた次元の論理回路の効用にすがらないわけにはいかなくなるはずです。

　こんなことをどこまで意識的に考えるか、それは個人的ヴァリエーションが大きいでしょう。しかし、「神」だの「霊」だの「あの世」だの「前世」だのというあっち側系の言葉を交えた、私たちが習慣的に「宗教的」なものと捉えているような意識が、近代的合理的生活のまっただなかに現れる必然性はあると言えます。

人情には厚いが体系的思考には縁のないクマさんハッつぁんだって、理屈ばっかり考えていて人情よりも自己正当化のほうが大事な知識人だって、こんな条件下における反応は似たり寄ったりかもしれない。むしろ知識人とか科学者なんかのほうが、あっち側の論理にころっと傾く可能性が高いかもしれません。

「その他」のロジック

みなさんお気づきかどうか知りませんが、医学の専門書に「スピリチュアル」という言葉が書かれていることがあります。たとえばいま私の手元に、ある種の癌について詳しく書いた専門書があります。開くと、ほとんどのページは、英語まじりの医学用語で書かれた漢字だらけの本文と数値の並んだ表や図で構成されています。そして癌のステージが幾種類もの論理で定量的に記述されていますが、そのなかにひとつだけ異質な図が混ざっています。それは、病気の苦しみに対しては「全人的アプローチ」が必要であるということを描いた図式です。その「全人的」には「身体的」「精神的（サイコロジカル）」「社会的」そして「霊的（スピリチュアル）」な要素があるとされています。

医学のような場面において、「宗教」をもろに出してくるわけにはいかないでしょう。「宗教」という言葉にはイロがついていますから、スピリチュアルのほうが望ましい。スピリチュアルと言っておけば、特定の宗教団体を推薦したことにはならないし、特定の戒律、教義、神学、儀礼とは無関係に、ただ、人間性の深い一次元を指すものとして中立性を確保できるような感じがします。

病気の苦しみというのには、身体的要素があるのは当然として、それに心理的フィードバックのような要素が加わります。さらに社会的境遇がこれにからみ、さらにその向こうでは、不条理な運命下にあって「生きる」ことの意味を、日常的収支決算を超えた大きな貸借対照表で見ていくという、超越的な霊的次元が控えている……。

どんな統計表にも「その他」という項目があります。この「その他」を省くわけにはいかない。人間について項目を挙げて語っていくときに、最後に残される「その他」が、この霊的次元だと言えるかもしれません。身体的、精神的、社会的、その他、というわけです。

霊的次元、「その他」の次元は、すでに申し上げたように、病・老の場面にかぎらずさまざまな形で要請されています。生きるとは自転車を走らせるようなものです。たえず前向きにペダルを漕ぎつづけなければならない。この前進の努力を阻むような、あるいは進行方向をわからなくするような攪乱要因が、あるいは病気であり、あるいは老衰であると。ですからこの攪乱要因のリストのなかに、不慮の事故、災害、身内や友人のトラブル、社会的スキャンダル、忌むべき犯罪、さらには会社や自治体や国家などの組織のトラブル、つまり倒産や制度的破綻、経済恐慌、戦争の勃発のようなものを数え上げていくことができます。人生何が起こるかわからない。ふだんからの備えそのものが無意味になるような、「想定内」を「想定外」に変えてしまうような断裂というものは、つねにありえます。

そしてひとたび何かが起きたとき、人はおのおのその境遇に応じて、能力に応じて、世界観に応じて、それぞれに挫折を味わい、それぞれに日常的目的意識の崩壊に直面し、みずからとみずからを取りまく環境とをオルタナティヴの次元から見なおしていく必要に迫られる……と、ひとまずそんなふうに図式的に理解することができるわけです。

宗教的・霊的な次元という形をとったあっち側の世界を想定することには必然性があるのではないか？　このような形の要請には、かなりの説得力があるように思われます。その実質的内容に懐疑的な方でも、枠組みじたいを退けてしまうのはかなり難しいでしょう。社会内で責任を負って生活する人びとがあっち側の次元に照らして自己や社会のあり方を反省する姿勢というものを、誰も否定することはできないでしょう。

ここで強調しておきたいのは、これは、現実逃避であるとか逆境におけるアイデンティティーの模索であるとか、よく言われるような心理的なプロセスと言うよりも、むしろロジカルな問題なのではないかということです。日常のロジックには穴があります。だから別種のロジックが模索されるのです。

来世や神といった言葉を含む不合理な空間をロジックと呼ぶのは妙に聞こえるかもしれませんが、合理主義的な日常世界に飛び交う「情報革命がもたらすユビキタス社会」だの「競争と能力開発が万人の福利をもたらす神の見えざる手」だのといったロジックにも、さしたる根拠はないのですから、あっち側からのお誘いをロジカルなものと呼んで支障はないものと私は考えます。

功利性の水平移動

しかしなお、ここで、あっちとこっちというのはあくまで相対的な区別だということを確認しておきたいと思います。こっち側の論理だけでは足りなくなったとき要請されるのがあっち側の論理だとしても、少なくともはた目に見ているかぎり、こっちとあっちとを具体的に区別するものは何も見あたりません。異次元世界はかぎりなく日常世界の種々相と結びついています。

宗教的次元を日常的次元から切り離す要素のひとつは功利性です。日常世界は利害関心、損得計算で成り立っている。通常の意識ではどうしてもここを乗り越えることができない。これを乗り越えさせてくれるものとして、日常性よりもいっそう高度な霊妙な智の働きがある……。

しかし、日常的功利性を超えた、カスミを食うような次元に生きている人間でさえ、「あの世に向けての徳を積む」という一種の観念的な功利性のなかに生きていると考えられます。このことを忘れるわけにはいかないでしょう。これはしばしば宗教家に対する皮肉として言われることですが、まじめに受け止めるべきポイントです。

実際問題としても、教団のカリキュラムのなかで日々修行する人たちは、受験戦争のような、科挙のような点数稼ぎゲームに四苦八苦しています。「救済」という概念そのものが、そもそも功利的なものです。もし人間に功利性というものが欠けているのであれば、最初っから宗教を求める意味がないはずです。

このとき、「霊的次元における功利とは、功利に見えて功利にあらざるなり」と、禅問答のようなものを始めるよりも、あっさりと、「ある種のロジックは私たちがふだん知っている功利性とは少しずれた形の功利性の枠組みを用意しているのだ」と理解したほうがよいのではないでしょうか？　そうであるとすれば、私たちの日常性を形づくっている功利性の構造を調べることのほうが先決問題だということになります。そして、この日常世界なるものが、時代により、社会によりさまざまな違いがあるということに注目すべきなのであると——。

日本のここ三〇年ほどをとってみても、社会はだいぶ忙しくなってきました。資本主義のゲームはしだいに精密なものとなり、社会において責任を負う個人は「どんぶり勘定」で暮らすことが許されなくなってきました。鷹揚に生きるためには、多少のミスが自他に損害を与えても笑ってすませるような暢気さ、すなわちワイルドなシビアさを社会が包容できなければなりません。近代福祉国家においては、それはしだいに許されないものになってきています。

ワイルドなシビアさは許されない。かわりに、管理社会のなかで日々自力救済のための損得計算にいそしむべしという、別種のシビアさが世を覆っている——。これが今日の先進国社会の功利性です。

これは一昔前のスロウな社会や、田舎のムラ社会的な功利性とは異なっています。日本社会と中国社会とインド社会と中東社会とでも違いがある。イスラム教徒には、予測できない事柄に対して「インシャラー」[*]と言うワイルドな自由がありますが、日本では不測の事態であっても遡って責任を問われる恐れがありますから、たえず功利計算に敏感でなければ生きていけません。

＊「もしも神が欲されるのであれば」という意味のイスラム教徒の慣用句。人間が「明日こうするつもりだ」と計画をたてても、それは人間の勝手な都合であって、現実にどうなるかは神様しだい、インシャラーです。これはどっちかというと確率論的に正しい認識です。他方、中東社会の人びとは約束も計画も守らないチャランポランさの言いわけとしてこの言葉を用いている、といううわさもあります。どこかほ

っとする話ですね。

時代とともに功利性のあり方が変わっていくにしたがって、日常世界に対する「宗教」関係者のアドバイスの仕方も変わってきています。昔は表社会の競争に敗れた人間に対して「この世を諦めて、あの世に目覚める」ことをアドバイスするケースが多かったと思われるのですが、今では、競争社会に平等なチャンスを求める闘いに個人を目覚めさせるのを「宗教」のおもな仕事と考える人が大勢います。そして「宗教」そのものが、資本主義社会の功利主義的な枠組みのなかで機能するようになってきました。

病気や不慮の事故、不条理なトラブルは、北京原人以来変わらぬ人類の苦悩の源泉でしょう。それゆえ、そうしたトラブルに対する救済の原理としての宗教の本質は、万古不易のものであると思われるかもしれません。しかし、このような抽象的な議論からもう一歩踏み込んで具体的なレベルで考えるならば、日常性も、救済のあり方も、どんどん変化してきていると言わなければなりません。しかも日常性と救済の世界とのあいだに質的差異を見いだすことは難しい。不幸な事件の当事者が救済をどのようなものと考えているとしても、結局のところ、その人は、ある功利的生活の枠組みから別の功利的生活の枠組みへの水平的移行という形でしか、救済の具体的な形を享受することはできないでしょう。

こっち側の日常的論理に対してあっち側の論理が出現することで、こっち側の功利至上主義を打ち破って欲しいという要請は、あくまでも当事者にとっての実存的要請です。第三者の目から見たとき、こっち側であれ、あっち側であれ、それぞれなりの功利性があるわけであり、人間はあくまでも功利から功利へと水平移動を重ねていくばかりです。宗教が垂直的に見えるのは当事者のまなざしです。傍観者のまなざしにおいては、すべては水平であり、そのかぎりでは宗教という特別な次元は存在しません。

宗教の日常性

ところで、世俗的現代人にとって「宗教」なるものが現実味をもって感じられるのは、ひとつは（前節で述べたように）こっち側の功利性を越えたあっち側のロジックが真実味をもって迫ってくる瞬間においてであるかもしれませんが、もうひとつは、現にどこかの他人がエキセントリックな宗教を奉じているのを見せつけられる瞬間においてであるかもしれません。

ある種の人びとは神、霊、天国、輪廻といった物理的証明によって提示することのできない何ものかを奉じています。また彼らも含めて、ある種の人びとは、何かに向かってお辞儀をしたり、花や犠牲獣を捧げたりと、物理的には無意味と思われるさまざまな行動を行なっています。「神」などの観念や礼拝などの儀礼行為という「非リアリズム」（非現実性、非実用性）というものがある。この非リアリズムもまた、それを見せつけられる傍観者にとってあっち側の世界のものです。

これに関しては、私はまず、現実は小説ほど奇ではない、ということを述べておきたい気がします。つまり、「神」の観念であれ、面妖な儀礼であれ、語っている、行なっている当人たちの意識は、私たちが映画や小説の色彩豊かな描写から想像しているよりもずっと平凡なのではないかということです。

当事者たちの現実は周囲の期待よりも地味だということを考えるための足掛りとして、日本のある「宗教的」な農業団体の例に触れておきましょう。本人たちは自分たちのやっていることを宗教とは反対のことだと考えているし、制度的にも宗教法人ではないのですが、周りの多くの人間はこれも一種の宗教のようなものだと考えております。

この団体にかかわる人の一部は共産制的な共同生活を送っています。私たちの常識としてはそういう生活を送ることじたいが異常なことですから、この団体には何か非常に異様な強制力が働いているのではないかと推測する人もいるようです。しかし、私が実際に首をつっこんでみて得た印象を述べますれば、この団体を動かしている力は、ごく平凡な、社会的な力学以上のものではなさそうです。この団体の思想に共鳴することが「マインドコントロール」の結果であるかどうかはともかく、何か特別なサイキックな仕掛けを用いて組織者たちが会員を縛り上げているわけではない。研修会のようなものを通じて、この団体の共産主義的な解放のロジックに参加者を目覚めさせていくシステムとなっていますが、それに参加したことのある私の印象としては、よくある社員研修などの仕掛けと大差ないように思われます（実際にはもっと土俗的な偶然性をもち合わせており、「村の寄り合い」に近いノリがあります）。これに参加しておきながら、この団体にとくにかかわっていない私のような存在からもわかるように、この研修会にはたいした強制力はありません。一度この団体の共同生活に参画してから離脱した私の先輩の話を聞いても、同様の印象です。

私自身は、今日の厳しい管理社会にあってこんな共産主義的な少数集団がうまく生き延びていくことはかなり難しいのではないかと思っていますし、この団体のロジックにはそれなりの弱点があるとも考えています。しかし、この団体のメンバーらの行為（財産を放棄して共同生活に入る）の異様さから、そこに介在する「宗教的」強制力のマジカルな力を推理したりするのは、妥当なこととは思えません。私がこの団体のロジックに百パーセント思いいれる人が存在することに驚きの念を抱くとしても、それは世の中の人がホリエモン（堀江貴文）の論理にコロリと乗せられているのに驚きの念を抱くのと同水準のことです。また、シンプルな生活が人間を幸せにするというこの団体の趣意に物足りないものを感じるとしても、それは私が消費と福祉のシステムが人間を幸せにするという日常世界の論理に疑念を抱いているのと同水準のことです。*

* ちなみにこの団体が一般市民を招いて行なう研修のシステムに優れた点があるとすれば、それは、さまざまな社会階層・社会的境遇下にある人びとが出会って、たとえ一時かりそめにではあっても、怒りや同情を含めた広い感情をもって相手と交流する機会を与えている点であろうと私は感じております。逆にいえば、日常世界に生きる市民たちは、思いのほか狭い世界しか知らずに暮らしているということです。世界中を飛びまわっている国際的なビジネスマンや学者や芸術家といえども、ようするに似た者どうしが出会っているだけで、世間は依然として狭いと言わざるをえません。しかも見栄と建て前でがんじがらめになったままです。芸術、観光、ビジネスの冒険、ボランティア活動——これらはそれぞれに貴重な体験ですが、言われているほど視野を広げるものではないのかもしれません。

だいたい人間集団のやることというのは、内部のロジックがある程度見えてくると、外部から観察したときの印象ほど異様なものは何もないことが多いのではないでしょうか？　もちろんこれを一般化することはできません。どろどろとした陰惨な小世界というものもあちこちに存在しているでしょう。精神的・物理的なコントロールの蟻地獄というものはさまざまな形で出現可能です（変質者や権力当局による拉致・監禁であれ、カルト教祖による信者支配であれ）。

　また、とりたてて異様な仕掛けがないからといって、その集団が当事者にとっても外部世界にとってもハッピーな存在のままでいられるというわけでもないでしょう。私は、周囲の世界から孤立した少数集団は「問題を抱えざるをえないだろう」と思います。しかし、そうした問題に対し、憶測によって噂されがちな「宗教」的な特別なわざが介在していると考えなければならない必然的理由はありません。

　ある宗教学者はオウム真理教の地下鉄サリン事件のようなものでさえ、まずは複雑な人間関係の心理ゲームから――そして日本社会にありがちな組織的無責任構造のからくりから――理解すべきであって、安易に教祖の「カリスマ性」なるものに説明を丸投げするようなことがあってはならない、と言っています。私はこうした議論は妥当だと感じています。麻原彰晃をハイパーな存在に格付けしようとしてきたのは、取り巻きの人間ばかりではありません。マスコミや世間の人間もまた、こっち側からあっち側を見やる期待あるいは恐れの眼差しのなかで、教祖の特異な地位を確定するのに一役買ってきたのです。オウムをオウムたらしめる凝集力に、私たち外部者もまた参画してきたわけです。

　ともすると内部の人間よりも外部の人間のほうが、特異なものとしてのあっち側の世界のイメージを膨らませる嫌いがあるので、私たちは気をつけるべきでしょう。宗教には何かパワーがあると私たちは考える。そして期待し、あるいは恐れる。しかし、その期待と恐れそのものが宗教という特異な観念に命を吹き込んでいるのかもしれないのです。

神の言説と訓練

以上のことは、小規模の集団に関してでなくとも、もっと大きなレベルの文化集団についても言えるはずです。たとえばイスラム教徒は、二言目には「神のため」とか「神のおかげ」と言います。そういう発想をふだんから練習していない日本人としては、何かここには特別なメンタルな仕掛けがあるのではないかと感じます。日本人には欠けている特殊な情念があるのではないかと。また、イスラム教徒が白い服を着てメッカのカアバ神殿の周りを回ったり礼拝したりするといった、日本人にとって珍しい光景をテレビで見たりすると、これまた何か個々人の心のなかに特別な装置が働いているのではないかと想像します。

しかし、珍しいというのはたんなる印象論です。当事者の立場に即して見るならば、これらはすべて、ふだんからの訓練すなわち習慣によって培った行動様式にほかなりません。それは身に染みついたパターンであって、そのいちいちに個人的動機が付着しているものではないでしょう。神を語り、儀礼を実践する個々人の心のなかを腑分けしても、ラッキョウの皮をむくようなもので、何も出てこないかもしれません……

重要なのは、そこには「神の戒律」として編まれたさまざまな行動の台本があって、それをふだんから人びとが練習している、ということです。そのレベルにおいて見るならば、日本人にとって異様な「神」のロジックというものも、集団生活を送る人びとの日常生活とその目標、善と悪のあり方、その微妙な判断のテクニックなどを秩序づける一個のシステムとして、ニュートラルに眺めることができるかもしれません。

ある意味で、イスラムなどの一神教の戒律のシステムは、私たちの社会の法制度のシステム（法律、法律を正当化する「自由」「尊厳」などの抽象観念、法律を判断する司法制度など）に似た機能を負っていると思われます。

神のシステムのなかできわめて情動的に——狂信的に——ふるまう個人がいるとしても、それは私たちの世界の司法やマスコミの場における「自由を求める闘い」という神聖なゲームのなかで情動的にふるまう個人がいるのと、同様のことかもしれないのです。（宗教というと「熱狂」や「パッション」と結びつけるのは、私たちの勝手な期待のなせるわざです。熱狂的な人も熱狂的でない人もいるのは、「宗教」世界でも「世俗」世界でも同じことです）。

私はなにもイスラム教徒の心理や論理が、私たち平凡な日本人の心理や論理と同じはずだと言っているのではありません。何事もコーランと伝承にしたがって行動することを建て前として組織されているイスラム教徒の世界と、それとはまったく異なる組織化のもとにある私たちの世界とでは、さまざまなレベルにおいて大きな差異があるはずです。社会組織が違うのだから個人心理だって異なっていることでしょう。しかしそれを、「宗教」という特異な仕掛けが生み出す特異な社会心理学的なからくりのように考えていくと、外部者が思い描く小説じみた空想物にどんどん近づいていくのではないかと思うのです。

ちなみに、聞くところによると、模範的イスラム教徒の場合、ふだんから死後を視野に入れた言説をもって生活を組織しているようですから、病気になったり、商売が破綻したりしたときも、それをこの言説で解釈しなおし、挫折の意味を新たな人生に関連づけることも、平凡な日本人なんかに比べてひょっとして容易なのではないかと思われます。

まあ、人それぞれでしょうけれども、それはともかく、いわばふだんから「神」の論理あるいは「人間の無力」の論理とつき合っているイスラムの空間にあっては、人間の力を頼みとする功利的な「日常世界」と、人間の無力について語る脱功利的な「非日常世界」とのあいだに、画然と線を引くことが難しいのではないでしょうか？　イスラムにはイスラムなりのあっちとこっちの区別があるのでしょうが、それは私たち西側の世界のものとは異なっているはずです。

イスラムのような総合的なシステムを指して、世俗的現実と宗教的形象とを混同していると、あたかも不純物を見るかのように評する論者がいます。しかし、日常性と宗教性とを図式的に切り離すのみならず、あくまで霊界の話は霊界でだけ完結しているかのように考えて、いわば宗教の純潔を守りぬこうとするならば、霊界そのものが、内容のない、貧困なもの——テレビのスピリチュアル特番のようなもの——になってしまうのがオチかもしれないのです。

私たちはまず、「宗教」的次元（あっちの世界）のようなものが、功利的・実用的な日常世界（こっちの世界）とずれた位相に、普遍的に存在しているのではないか、と考えました。人間世界を包む大気圏の上層部に成層圏を弁別することができるように、世界空間は下層の日常圏と上層の宗教圏に分かれるかのようにイメージするのです。

しかし、よく考えてみると、この二層のあいだには深い相互関係がある。宗教圏のあり方は、日常圏における功利性のあり方、論理のあり方、生活様式のあり方によって支えられている。そうであるならば、むしろこの日常圏における地理的・歴史的相違のほうをひとまず重視して捉えるべきではないだろうか、という発想も出てきて当然です。

つまり、ここには横割りの思考（日常圏と宗教圏とを水平に分ける）と、縦割りの思考（社会ごと・時代ごとの差異を重視する）との対立があるわけです。

横割りの思考においては、人間はみな平等に「宗教」的な次元に接している。キリスト教も仏教もイスラム教も神道も、あるいは種々さまざまな新宗教も、それぞれなりのやり方で超越的次元と触れ合おうとする試みであると言える。

しかし縦割りの思考においては、むしろ大事なのはキリスト教社会であれ、他のいかなる社会であれ、それぞれなりの伝統のロジックの構造なのであり、また、地域や言語や時代によって多様に異なる社会のあり方だということになります。「宗教」はそれぞれの枠組みのなかで働く一要素にすぎず、普遍的な「宗教」という次元を立てることに意味はない。

宗教的次元と日常的次元の区別、あっちとこっちの区別にどこまでこだわらなければならないのかは、疑問符がついたままということになります。

私としては、縦割り思考と横割り思考とのあいだに決着をつけようとは思いません。両者の格闘技は永遠に続くでしょう。それでちっともかまわないと感じております。

19 障害を乗り越える宗教？

先の章では、現代の世俗社会においても「宗教」的な次元のようなものを想定したくなる必然性があるということをごにょごにょと述べてきました。そのさい、話のネタとして取り上げたのは、病気や災難といった個人的実存の次元の問題でした。

しかし、あっち側の世界が要請されるのは、個人的・私的次元においてばかりではありません。社会的・公共的次元においても、あっち側について語られることがあります。

今日の日本人の常識的感覚からすれば、宗教がかかわるのは、個人の運命や老・病・死といったものです。社会問題や国家の政治の次元にいちいち宗教が口を出す西洋や中東のような状況というのは、なかなか想像しにくいものです。仏教などはほとんど葬式のときにしか意識に上ることはありません。あるいは観光旅行で訪れる京都・奈良の文化財としてだけですね。創価学会と公明党のような例はありますが、多くの日本人にとってそもそもどういう論理の筋道によって仏教が政治にかかわってくるのかは理解しがたいことです。

しかし、順序立てて説明するならば、平均的日本人も、公共世界の問題と宗教とを結ぶ論理回路を辿っていくことができます。先の章でもちょっと触れたように、個人的・私的な世界のあり方は、会社の業務や国家の政策など、表社会のあり方と密接にかかわっております。もし宗教が個人の魂を救済したいのであれば、個人の魂の具体的なあり方に介入してくる公共社会の構造に対しても宗教がひとこと物申さないわけにはいかないでしょう。「宗教」の立場から倫理的啓蒙活動を行なったり、政策論争に参加したり、選挙運動を行なったり、あるいは裏ルートから政治を牛耳ったりしようと試みる人びとが現れるのは、むしろ当然のことと考えられます。

このように、漠然と図式的に描いてみせるかぎりは、宗教と公共世界とのかかわりを理解するのはそう難しいことではありません。

とはいえ、宗教と公共世界とのかかわりの具体的なあり方についてもう少しつっこんで考えてみると、実態はどうもひとつの物語に収斂するものでもないらしい。

というのは、一言で宗教と公共世界との関係といっても、宗教が①具体的な戒律という形において権威をもって公共的問題に介入してくるのと、②いっそう抽象的なひとつの精神的次元として公共世界の討論の想像力に寄与しようとするのとでは、大きなずれが、ギャップがあるからです。この①と②について、つぎに少し詳しく説明しておきましょう。

①戒律の名において

宗教が伝統的な戒律の名において権威主義的に公共的問題に関与しようとする事例としては、アメリカなどにおけるプロテスタント系ファンダメンタリスト集団のケースなどが挙げられます。アメリカでは彼ら「宗教右翼」と呼ばれる保守主義者が、政治にさまざまな影響力を行使していると言われています。カトリック教会もまた、中絶問題などをめぐって積極的にアピールを行なっています。

イスラム教の場合は、古典的には、私的生活から政治生活にいたるまで諸事万般にわたって伝統の教えから生活を組織し、問題を解決するというのが理想だったのですが、西洋化・近代化の進展とともに、伝統的システムが機能する領域は大きく制限されるようになりました。それが近年になって、「イスラム主義」という形で、古典的スタイルを再構築しようという運動が台頭してきました。そのようなわけで、国家の法律や政策、公共的な討論の場にイスラム教の戒律を強力に関与させようという動きが広がりつつあります。

こうした話を耳にすると、公共の場に宗教を関与させようという運動が世界的に広がっているような印象を受けます。しかしよく見てみると、こうした活動が活発なのは、おもにキリスト教、ユダヤ教、イスラム教など、社会倫理に関する規定が伝統的にはっきりしている西側の一神教的伝統ですね。もっとも、インドのヒンドゥー教にもスリランカなどの仏教にも、一種のナショナリズムの形で宗教の政治化の動きは見られます。これをアメリカのファンダメンタリストやイスラム主義に類似した動向として捉える人もいます。

世界における宗教運動の台頭の事例として、保守的キリスト教やイスラム教の事例と並んで、しばしばオウム真理教などが挙げられますが、なんだか規模や意味合いに大きな落差があるようです。これに靖国神社問題を加えたりして、東西の宗教の活性化の状況を論じたりするのは、なんとも落ち着きの悪い議論です。この点に関しては、「宗教」概念にこだわるよりも、世界各地の保守的動向を調べていくほうが実り多いのかもしれません。保守ということであれば、日本を含めた世界全体にそういう動向が見られることは確かだからです。

宗教が具体的戒律という形で公共的な世界にかかわってくる事例については、以上のような状況です。保守的な形で宗教が表社会や政治の世界に口を出すことに対して、リベラルな進歩派は、しばしばうさん臭い目で見ています。というか、もっとはっきりと反対することも多い。それというのも、公共の問題とは、論理的かつ民主的に心ゆくまで討論することによって解決すべきものであるのに、保守的思想運動は、伝統だの戒律だのに基づくという「結論」を最初に提示してしまうからです。「伝統ではこのように規定されている」「カミサマはこのように命じられている」というところから出発されるのでは議論にならない、と進歩的な人びとは心を痛めるのです。

ただし、そういうリベラルな立場の人びとのすべてが、宗教なるものをまるっきり退けているわけではありません。一部の人びとは、ある種の寛容な宗教であれば許容されると考えていますし、そればかりか、公共の問題を完全に討論するためには、むしろ、高度な次元での宗教が不可欠だと考える人びともあります。かくして、高度な、超越的な領域としてのあっち側の世界の再登場と相成ります。すなわち、②抽象的なひとつの精神的次元として公共的討論の想像力に寄与しようという、リベラルな宗教の要請です。

②リベラルな討議の完成?

なぜ公共的討論の世界に宗教的な次元が必要とされるのでしょう?

私的な苦難や老・病・死の場合、あっちの世界が求められるのは、通常の社会的営為をつかさどっている功利的な言語では、うまく状況を語り、個人をなぐさめ、運命に立ち向かわせることができないからでした。

公共的な討論の世界においても、同様の事情があることでしょう。利害にまみれ、想像力に限界のある一般庶民の貧弱なロジックでは、なかなか大所高所に立った議論を行なうことができません。人びとは啓蒙される必要がある。この強力な啓蒙の力を、宗教なるものの霊妙な働きに託そうと考える人がいたとしてもおかしなことではないでしょう。

では、そもそも個々人を公共的討論に参加させ、それを首尾よく成功させるまでの道程には、どのようなハードルがあるのでしょうか？　ここではとりあえず以下の三種を挙げておきたいと思います。

第一のハードル。想像力の限界。

人間にはそれぞれ得意分野があります。音楽のことには詳しくても、絵のことはさっぱりわからない。コンピュータのことは難なくわかるのに、政治の話を聞いても全然ピンとこない――こんなことはざらにあります。建て前としては、公共の問題というのはすべての人間の生活に直接影響を与えるものです。税金、年金、老人介護、商店街の再開発、企業の誘致、教育対策、犯罪対策、環境対策、どれをとっても個人の日々の暮らしに決定的な影響を与えるものです。それゆえ、想像力のある人であれば、そうした問題の重要性に気づき、かつまたそうした問題の要点を理解できるはずだ、と建て前論者は考えます。ところが――

ご存じのように、この建て前はうまく機能していません。パソコンのプログラムだって、その道のオタクに言わせれば、順序を追って説明を受ければ「誰だって理解できること」なんだそうですが、現実にはほとんどの人にとってチンプンカンプンです。また、人間である以上、人間関係のことは誰だって理解できるはずなのに、バーのママのように人の気持ちの裏表がたちどころに読める人というのは少数派です。同様に、社会システムや政治のことは、誰だってわかるはずのことなのに、やっぱりピンとこない人にはピンとこないのです。

ここにはもちろん、公民教育の失敗であるとか、「人は誰でも好きなことに専心し、嫌いなことから遠ざかる権利がある」という個人主義論理の一人歩きであるとかといった問題が絡んでいます。あるいは端的に現代人は忙しすぎて専門外のことにかかずらう余裕がないのかもしれません。

しかし、それもこれも含めて、あらゆる個人が公共的討議に熱心に参加するという状況がすぐにも訪れるような情勢でないことは確かです。たまに選挙などのさいに政治熱のようなものが高まることはありますが、一過性の出来事にとどまります。

むしろ大衆は、軍事的宣伝や排外主義の運動の場合のように、「恐怖」を煽る動きには弱いと言えます。マスコミの地道な報道やボランティア活動の経験などを通じて世の中の仕組みを冷静に見つめる目が育っていく速度よりも、陰謀論や終末予言といったセンセーショナルなものによって想像力をたくましゅうしていく速度のほうが速いのではないかと思われます。だいたい複雑な政治政策上の議論を重ねるなんてかったるくてやってられない。自分が弱者にならずに強者になればいいんだ、というあっさり明快な進化論的淘汰説で笑い飛ばしたほうが潔いと考える人も多いでしょう。

第二のハードル。利害をめぐる限界。

人間は利害関係を離脱することはできません。第三者的立場を貫けるのは、そのような制度的お膳立てがあってのことで、通常の場合には、人間はかならずあれこれの利害グループのどれかに属することになります。個人的にはいたって淡白に考えていたとしても、家族、友人、同僚、部下に対する責任のことを考えると、みずからのサイドの生活の基盤を壊す可能性のある選択肢について積極的に考慮するわけにはいかない。この場合、個人的に聖者であろうとしても、社会的には無責任であると解釈される恐れがあります。

公共的制度の改革のようなケースでは、かならず保守派と改革派とが対立するものです。このとき、保守派は利害にしがみついている、とよく言われますが、同様のことは改革派についても言えるはずです。物事はなんでも程度問題ですから、「利害にしがみつくのはいけない」という正論をトーンダウンさせる必要がでてくる。制度をどういじるのであれ、利害に対する保障込みで行なっていく必要があります。しかし見返りの獲得じたいが闘争の対象となり、「純粋な討論」という理想はますます遠ざかっていくことになります。

また、会社や国家のプロジェクトをスポーツの試合に見立てて述べれば、個々のプレーヤーにとって、万全のプレーを行なうのと、そのゲームじたいの制度的な妥当性を考察するのとでは、思考と意欲のベクトルの向きが正反対です。一方でそのルールに基づいて戦っていながら、他方でそのルールを疑ってみる、というのはなかなかできることではない。先端技術を扱う科学者が、その技術の可能性をぎりぎり追究しながら、かつその技術の開発は倫理的に問題ではないか、と逆方向のことを考えるのは、かなり難しいことでしょう。迷いが生じたら競争に負けます。予算が削られ、科学者としての評価が落ちます。同様に、戦地に派遣される兵隊さんが、この軍事作戦は間違っているのではないか、と考えることはできません。ひるんだら自分の命がありませんから。

ふつうの生産業者についても同様のことが言えます。売れる商品のなかには、まさしく人類の宝のようなものもあるでしょうが、長期的に見てどうかと思われるものも多数含まれています。たしかに消費者の気を引くという意味では「よい」商品であるとしても、半年後にゴミになって捨てられる公算が高い（飽きられやすい、見かけほど役にたたない、本質的に使い捨て商品である、など）という意味では悪かろうシロモノも多くあるはずです。資源の枯渇が問題となり、またゴミの放出など環境問題が深刻化しているこの時代、商品の「浪費性」をどうにかしなければならないことは目に見えているのですが、その商品の性格をいちばんよく理解している当の業者にはたぶんどうにもできません。「しょうもないなあ」と思いつつも、業界で生き残るためには、しょうもない商品を生み出しつづけなければならない。つまり大所高所に立った利害と当面の自分の利害とが乖離している。そういうゲームなのです。

もちろん、これに対しては「知恵を出してほんとうによい品をつくればいいだろう。知恵を出せないのは工夫がないからだ」「しょうもない商品を十個つくってもすぐれた商品を一個生み出せればそれでよい。それが人生だ」「しょうもない業界からは手を引くがよい」などさまざまな意見があるでしょうが、どれもこれもあまり現場向きではありませんね。どんな意見があるにしても、ほとんど使われずに捨てられるゴミ商品の数は増えつづけるでしょう。

利害ということでは、時間の問題も利害の一種に加えることができるかもしれません。大学の先生とか物書きの知識人とかジャーナリストとかであれば、環境問題であれ、教育問題であれ、天下国家のことを考えることがすなわち自分の給料や原稿料の元ですから、「利害を超えた領域」について思いを馳せることじたいが、自分の利害につながっています。しかし、くそ忙しい労働に追われている中小企業の社長や社員であれば、そんなことに時間を割いている余裕はありません。日曜のごろ寝や競馬やパチンコだって気力回復のための貴重な甘露のような一時です。政治改革だのゴミのリサイクルだののことで頭を悩ましてなどいられない！　それがひいては自分のため、自分の子供のためだとしても、この「ひいては」という神聖なる時を待つよりも先に今日明日のしのぎをどうにかしなければなりません。貴重なわが時間をだれも保障してくれないかぎり、天下国家のことにかかわるのは利害得失からいってできないことです。

それが人生です。

第三のハードル。論証の限界。

公共の討論の出席者にとって、社会の現状と将来についての十全な論理を提出するのは、しばしば相当に困難な課題です。現代史を振り返れば、ある時代に多くの人が「妥当だ」と考えた公共的選択が、のちの時代に「妥当ではなかった」「データが不足していた」「論理が飛躍していた」「時代の論理に流されていた」と批判されるということが頻繁に起きています。つまり、社会の舵取りをめぐる議論には、いつも大なり小なりの手抜かりがあるわけです。皮肉な言い方をすれば、社会的次元の議論というのは、自然科学的な意味で論証といえるような要素と、相手の顔色をうかがっての駆け引き、とりあえずの約束、フィクション、あるいは勘違いや希望的観測といった要素が綱引きをしているのが常態であると言えるのかもしれません。

そんなわけですから、たとえば制度改革の妥当性をめぐっても、進歩派、保守派、双方ともに確実な証拠を提出することはできず、「改革に反対するのは無責任だ」「いや、あやふやなヴィジョンとやらを語るほうこそ無責任だ」と無責任をめぐる神学論争が始まってしまうのです。

現代は民主的な討論の時代だという建て前ですが、論証じたいに困難がつきまとうので、実際によく行なわれているのは「民主的ルールの無視」です。右派であれ、左派であれ、永遠に議論しているわけにはいかないので、金、利益誘導、暴力、世論操作などを通じて、さっさと結論を構築してしまうということを頻繁に行なっています。アメリカ議会などでもロビー活動というのがあります。「陰謀」とまではいかなくても、根回しやコネなんてのも含めて、てっとりばやく結論を誘導していくためのヤクザなプロットというのは、いつでもありうることです。

なお、論証の困難には、参加者の資質に関する側面もあります。コンピュータなんかの技術的な話であれば、当事者であるエンジニアやプログラマーどうしで同じ知識を共有し、同じ語彙で語るということが可能です。しかし、多種多様な社会問題の場合、知識の共有、言語の共有じたいがひどく難しいことです。民主主義の建て前においては、市民の一人一人が自分の直接の専門分野でないさまざまな領域の問題の文脈とタームを理解し、冷静なる判断をもって清き一票を投じることになっていますが、現実においてはこれはかなり絵空事に近い、というのはすでに「第一のハードル」のところで述べたことです。

以上のようなわけで、私たちが公共的な問題について考えたり、制度の妥当性を論じようとするとき、つねにこうした問題――想像力の限界、利害をめぐる限界、論証の限界という問題――に直面することになります。家庭の食卓で、会社の会議室で、国家の議会で、つねに私たちは似たようなジレンマを経験しています。

これらはいわば構造的な問題ですから、原理的に言ってそう簡単に乗り越えられるものではないでしょう。しかし、これを逆の方向から考える人もあるかもしれません。私たちの抱えているこうした限界を、逆に「解決できるもの」としてイメージしていくのです。

すなわち、人はおのれの想像力の限界を超えて大きな問題に目覚める潜在能力があるのではないか、人は小さな利害関係を超えていっそう上位レベルの利害に目覚める力があるのではないか、人は表層的な論理的困難を超えて、かならずや普遍的に妥当な一個の答えに到達することができるのではないか、と考えるのです。

「潜在能力があるのではないか」「できるのではないか」と言われたら、誰にも否定できないでしょう。いずれにせよ、こうしたハードルを乗り越えるのが社会人としての道徳的「義務」なのです。かくして、図式的には、この「潜在能力」の領域、「やればできる」領域というのが想定されることになります。

そしてこの領域は、通常の論理的回路を超えた機能として想像されるので、宗教的な次元のもののように語られることになります。[*]

＊　なお、この超越的領域が宗教的なものだと思われている理由としては、つぎの点も指摘できるでしょう。カトリック教会は、かつて全信者の想像力と利害を強力に管理し、一個の真理を提示していました。近代になってこうした宗教（つまり教会）の中央集権が崩壊し、社会のそれぞれのセクトがばらばらに競争を始めるようになった結果、あちこちで想像力のタコツボ的な拘束、利害の衝突、真理探求の挫折が生じたのだというふうに、歴史をイメージすることができます。ですから、民主主義の現代にあっても、潜在化した宗教のパワーをふたたび活性化することによって、それぞれのレベルにおいて、人びとの想像力のステージを上げ、利害関係を超越させ、かならずや見つかるであろう万人を幸福に導く一つの答えを導き出すことができる、というふうに思い描く人がいたとしても不思議ではありません。

もちろん、あくまでもこれは図式です。構造的なハードルをなんとか突破するためのツールとしてあっちの次元に期待がかかるわけですが、理屈としては理解できるとしても、どこまで現実的な話であるかは定かではありません。

とはいえ、こうした高度な宗教的ヴィジョンに立って偉大な業績を残したと解釈されるモデル的人物が実在します。たとえば、イギリス植民地支配を終わらせ、ヒンドゥー社会とイスラム社会との分裂にも与しなかったガンジーさん。あるいは黒人の解放を願いつつも白人を退けることなく、米国社会から良心を引き出したマーチン・ルーサー・キング牧師。ガンジーさんはヒンドゥー的伝統に生きる人であり、キング師はプロテスタントの一派に属する人であり、ともに漠然とした宗教的次元というよりも具体的な伝統のなかで主張を行なったわけですが、それでも私たちは、こうした偉人のことを、さまざまな利害がうずまくハードな世界のただなかで、個別の利害にとらわれず、個別の伝統にすらとらわれず、超越的な立場に立って偉大なヴィジョンを提示した人物であると考えています。

ガンジーさんやキング師は偉大すぎる例かもしれません。しかし、天下国家の問題のみならず、地域社会や職場や家庭のさまざまなレベルにおいて、リトル・ガンジー、リトル・キングのような存在を見いだすことは可能であるし、また、私たちには、そういう人びとの出現をひそかに期待しているようなところがあると言えるでしょう。

人間を動かすもの

このようにして、想像力の限界、利害の制約、論証の限界を超越した、あっち、の世界としての宗教が要請されます。ここで私が強調しておきたいことは、先にも述べたように、公共的な討議の空間と宗教との関係をめぐって、①と②という、かなり次元の異なる二つの立場があるということです。①は、ある伝統に基づく（と当事者が考える）戒律の形を公共的討議の前提としようとする立場です。②は、なかなかうまく機能しない公共的討議をおおいなるアスピレーションをもって完成させる可能性に賭ける立場です。

①の方向には、いわゆる保守、宗教右翼、ファンダメンタリズムといったものがあり、②の方向には、いわゆるリベラルな立場の宗教論者、スピリチュアリティー論者の立場があります。①は現在活発化しており、現実的なパワーを発揮しているかに見えますが、現代社会にあってどこまで首尾一貫

した態度を保てるのか、保証のかぎりではありません。②はリベラルな宗教として知識人や芸術家に人気がありますが、そもそもの現実的基盤が脆弱です。ガンジーさんやキングさんのような例があるとしても、彼らが生まれ育った古い社会は、今よりも伝統的宗教の躾けが厳しい社会でした。ガンジーさんなんかは少年時代に若気のいたりで牛肉を食べてみて良心の呵責に苦しんだようです（ヒンドゥー教では牛肉食は禁止されています）。そういう「保守（ファンダメンタル？）」的なところのない、たんにもの分りがいいだけの「超越的ヴィジョン」（ジョン・レノンの『イマジン』のような）*が、人間を超越の世界に引き上げることができるのか、かなりあやしいと言わざるをえません（しかもガンジーさんと彼が語りかけたインド民衆とは、同時代の保守的な言語・習慣を共有していたのです）。②が現実に成り立つためには①の要素が必要なのではないか、ということです。

* 音楽著作権だか何だかに触れない程度に『イマジン』の歌詞を紹介しておきましょう。“Imagine all the people…sharing all the world…”と歌われる、あの歌です。いわく「国家はないものと想像せよ。殺し殺される大義など存在しない。宗教もまたない。……万人が全世界を共有しているものと想像せよ。我は夢想家であろうか。だが我のみではない。いつか汝も我らに加わらんことを望む……」。ここで否定されているのは人類を分断する国家や伝統的な意味での宗教です。制約を生む戒律的な宗教が否定されている。他方でみずからの夢想（超越的ヴィジョン）を信じる仲間がいつか増えることを望む、とされています。「想像する」のは尊いことですし、強制ではなく「望む」のも尊いことです。コーランには「宗教に無理強いは禁物」という言葉があります（井筒俊彦訳『コーラン』、岩波文庫、上巻六三ページ）。しかし、レノンの優れたメッセージが現実化される物理的基盤は希薄です。芸術が宗教（ファンダメンタルな戒律

による訓練）の代用品になりうるという根拠を見つけるのは困難です。

先の章の最後で、私は「永遠の格闘技」ということを述べました。縦割り思考（集団が受け継いだ特定の規範のかたちを重視する思考のベクトル）と、横割り思考（集団的制約を乗り越えた普遍的宗教のフォーラムに期待をかける思考のベクトル）とのあいだにくり広げられる永遠のいたちごっこです。ただいま述べた話では、①の保守的宗教は縦割り思考にかかわりがあり、②のリベラルな宗教が横割り思考にかかわりがあります。

そしてこの二種の「宗教」もまた、サーフボードのブランドマークにもなっている陰と陽の図柄のように、永遠の循環を続けるのかもしれません。

20 時代のなかの宗教

さて、世界のさまざまな宗教について、また、現代の私たちが宗教なるものを要請するさまざまな位相について、とりとめもないことを書き綴ってきましたが、そろそろ広げた風呂敷をふたたび結んで、それらしい「落ち」をつけるべき時が来たようです。「おあとがよろしいようで」と言ってそのまま楽屋に逃げ帰りたい気持ちもありますが、単行本の場合、あとを引き受けてくれる人は誰もいません。

本書では「宗教」という言葉を常識的に理解できる範囲で用いてきました。人文系の言葉には、自然科学系の概念と異なって、定義がはっきりしていなくても、とりあえず通じるという徳があります。それにあやかったわけです。とはいえ、本書は全体として、「宗教」という特別な領域が宇宙内に画然として存在しているという期待に対して、そっけない態度を貫いております。「宗教」と「世俗」のあいだに一律に線引きなどできないのではないか、という立場に半分軍配を上げております。

神仏や霊、死後のヴィジョン、儀礼的象徴行為、集団性、権威の崇拝、世界内にある実存の究極の意味づけ、救済……と、「宗教」固有の持ち分というものがあるようにも思えるのですが、その実態は世俗的日常世界に融合しており、こうした要素の切り出しの論理そのものが、その生活実践上の意味合いそのものが、伝統ごとに、社会ごとに、時代ごとに異なっている以上、そこに最終的な裁定を下そうなどと試みるのは無駄なことなのではないか？　これが本書の根底にある考えです。

オルタナティヴの構築

しかし、「宗教」と「世俗」とを鋭く対比しようとする宗教家や宗教研究家の努力が無意味だというのではありません。それはつぎの二つの点においてです。

第一点。私たちの暮らしている近代的な合理的な社会制度そのものは、歴史的に見て特異なものです。人びとの生活がこれほどまでに官僚的にシステム化され、ビジネス的に追い立てられている状況は、人類史上未曾有のことです。もろもろの「伝統」社会の制度とこうした「近代」の制度とはおおいに違っています。「宗教」VS「世俗」という構図には一部この対比が重なっておりますが、この対比じたいには妥当性があると思われます。もし「宗教」なる一般概念を否定してしまえば、人間のライフスタイル・感性・意識に対する見方が平板化してしまい、近代的システムに対する根本的な反省のとっかかりがなくなってしまうかもしれません。

第二点。「近代」の内部に生きる私たちは、この厳しい功利性追求の世界のただなかにあって、たえず、実存的に、アナザー・ワールドを求めております。個人的なスピリチュアリティーの追求であれ、集団的な権威構造の模索であれ、ある状況下にある者たちが、そのなかでのオルタナティヴの構築に向けて努力することは自然な——むしろ必然的な——営みであると言えます。そうして求められる（新たな制度的構築の模索が図られる）世界は、どうしても、人類体験にとって普遍的な世界、つまり一個の「宗教」のように語られることでしょう。それにケチをつける権利は誰にもありません。そんなわけで、私は本書において「宗教」という特別な領域があるかのごとくないかのごとくに語ってきたわけです。こんなやり方が説得的かどうかわかりませんが、読者のみなさまに頭の体操の材料くらいは提供できたのではないかと思っております。

私としては、「宗教」のカテゴリー的な分離にこだわると、私たちの意識があらぬ方向へ反れてしまうのではないかと心配しております。ある人は「宗教」を人類の精神の糧となるような特別なものだと言って分離します。それを受けて別の人は、そんな特別なものには危なっかしくてつき合っていられないとばかりに「宗教」をけなします。いまや多くの人にとって「宗教」とは無根拠な狂信の代名詞と化しています。あらゆる集団的な病理現象が「宗教」だということにされかねない様子です。そんな状況のもと、何かが「宗教」として認定されれば、たとえそれが表面的には立派に見えても一皮剝けば病理的本性を現わすにちがいない、と警戒されることになります。

原則的自由の建て前のもとにある今日のような社会においては、すばらしい発見や新制度も、恐ろしい愚行・凶行も、順列組み合わせ的にとりどりに出現するでしょう。世の中は好いこと続きであるのが当然というふうに私たちは考えていますから、私たちが躍起になって原因を追求するのは、悪い事件が起きたときです。悪い事件のなかには伝統的な「宗教」のスタイルを部分的に踏襲した狂信的行為も存在することでしょう。そしてこの狂信的行為が「宗教」の典型であると、「宗教」の本質の露呈であるというふうに語られるのです。しかし、本末のことを言うなら、そんな事例は末（すえ）であって、本(もと)はそのような個人や集団を再生産しつづける社会全体の論理と権力の構造のほうにあるのではないでしょうか？

グローバルな権力構造のもとにある今日の世界にあっては、絶望的な境遇に追い込まれた個人や集団というのが無数にあります。そうした個人や集団は——私たちと同様——なんらかの意味で「宗教」的伝統を背負いこんでいるかもしれません。彼らが近代資本主義社会の論理と権力の構造に希望がないと見て、彼らなりのオルタナティヴな共同体の構築を模索するとき、私たち批評家は、そうした動向の「宗教」性を警戒します。そして案の定（？）そうした共同体の構築が失敗に終わり泥沼の権力闘争に堕したとき、「宗教」の病理の本質を見た、と語られてしまうのです。しかし、「宗教」的な言語・行為・制度に病根を見いだすのであろうとなかろうと、私たちの社会そのものが、つぎつぎと暴力的で病理的な事件を生み出しつづけるでしょう。たとえばイスラム社会やイスラム系移民の「宗教」がらみの闘争についてさかんに報道されるなか、ヨーロッパにおいても日本においても中国においてもアメリカにおいても、排外主義的な、あるいは原理主義的な「世俗」的イデオローグたちがつぎつぎと支持を得てきております。そして合法的な国家が、自由世界の保護の名のもとに暴力（戦争）をつぎつぎと仕掛けております。すると今度は、排外主義者や好戦論的な国家指導者までが、「宗教」的狂信の部類と批判されるのです。

「宗教」という言葉もイメージも、自家中毒気味です。ちょっとガス抜きをしてやる必要があるのではないでしょうか？

私たちの時代

本書の後半で軽く触れたように、「宗教」という枠組みは西洋の近代化とともに形を得ていったようなところがあります。ですから、つぎのような疑問を出すことができます。——もろもろの伝統のなかから「宗教」というカテゴリーあるいはアイデンティティーをデジタルに切り出したのは、近代西洋のロジックだったのではないか？　このロジックが、それを個人の内面的な精神世界であるというふうに規定したのではないか？　そのさい、伝統のもつ身体的・共同体的な側面が骨抜きにされたのではないか？　そしてついに、それは表社会に出現することを禁じられ、人びとは社会の運営を完全に資本主義的福祉国家・管理国家・国民国家の精緻な官僚的システムにゆだねるように躾けられたのではないか？　つまり伝統は「宗教」にされ、「精神世界」にされたあげくに「ヤクザ」なものとして非合法化されたのではないか？

このような方向での制度化は、二つの点で行きづまりを迎えているのかもしれません。第一に、「宗教」のカテゴリー化は諸伝統の多様な現実にかならずしもうまく適合していないかもしれない。第二に、かくして構築されつつある近代的な表社会は、じつはあちこちで機能不全に陥りつつあるのかもしれない……

私たちの社会は、（先の章で触れたように）個人の想像力の限界、利害の制約、論証の困難によってつねに穴だらけの構造をもっているというのに、資本主義のイノヴェーションのパワーは圧倒的であり、そのギャップがあちこちで社会と自然の深刻な崩壊現象を引きおこしているかのようです。そんななかにあって、反動としてであれ、建設的な模索としてであれ、近代の原理に合わないような動向がたえず出現しております。新宗教、ファンダメンタリズム、スピリチュアリティー、公共宗教……いずれの形であれ、そのような要素を含んだ現象です。これらの現象の「宗教」的本質をあわてて論じるより先に、心を砕くべきことがありそうだと私は感じております。「宗教」という線引きにこだわるよりも――あるいは「宗教」と呼ばれているもののなかに見いだされるエキゾチックな驚異、あるいは暴力的な脅威に目を奪われるよりも――大事な課題が私たちにはあるのではあるまいか？　それは、私たちがいまそのなかで呼吸をしている社会、私たちの時代というものを見つめなおすことです。そのさい、「宗教」と呼ばれる・呼ばれないを問わず、いまの私たちの知らない視点や生活のあり方を含む伝統や新たな動向から学ぶことが重要なのではないでしょうか？

インターネット上を飛び交うさまざまなグッド・ニュースとバッド・ニュース。心配なのはバッド・ニュースのバッドの度合いがだんだん大げさなものになってきていることです。地球温暖化による海面上昇や大規模な気候変動。予想される農業の打撃とそれにともなう民族移動や国益の衝突の可能性。中国やインドの急激な発展と社会矛盾の激化。こじれにこじれたパレスチナ問題・中東問題。グローバル経済による貧富の差の拡大と累積する奪われし者たちの怨念。テロリズムの慢性化と国家・企業による社会統制の強化。兵器・通信技術・生化学・医療技術を含むテクノロジーの先鋭化がもたらす倫理的アポリア。先進国の内部における信頼の危機、家族・地域共同体の崩壊、失業問題、ニート問題、格差社会、高齢者を含む弱者の孤立化……

私たちの時代というのはいったい何なのでしょうか？　なるほど私たちは昔よりも筋の通った、明晰で柔軟で寛容で創造的な豊かな文化を手にしているのかもしれません。また、自分が生きている時代の論理を信頼して、その論理の内部においてさまざまなイノヴェーションの努力を続けていくしか、事実上私たちには選択肢がないのかもしれません。しかしそうだとしても「立ち止まって考える」時というものがあってもよいのではないでしょうか？

「宗教とは何か」よりも「私たちの時代とは何か」を考えようではないか。——舌足らずではありますが、この言葉をもってこの本の締めくくりとしたいと思います。

あとがき

編集部によれば、著者にはみずからについてあとがきに記して、読者を退屈させる特権があるそうです。たいした物語は書けないのですが、頭に浮かぶことを記してみましょう。

小学生のとき、骸骨が学校の体育館でロックをやっているという怖い夢を見ました。夢のなかで、教師の一人にその怖さを訴えるのですが、やってきた教師はステージを見て「なんだ、ちゃんとやってるじゃないか」と評したにすぎませんでした。そう言われてみれば、この骸骨ミュージシャンはちゃんと演奏しています。文句を言われる筋合いはありません。自分でも何が怖かったのか、何が問題だったのかわからなくなりました。変な夢です。

「ちゃんと」によって秩序世界へと手なずけるよりも、オバケ骸骨のカオティックな恐怖に留まるほうが、あるいは奥深い心性であるのかもしれません。しかしこの夢が竜頭蛇尾に終わるのは、私にとって避けがたいことであったようにも思われます。

大学時代、語学的関心からつき合っていたある北欧系の教会——あとになって気づけばそれはいわゆるファンダメンタリスト系のミッションでした——の信者から、いつまでたってもちゃらんぽらんな私に対し、怒りの声が上がりました。地獄に落ちることを心配してくれた牧師もいました。大学生くらいの年齢というのは実存的不安定性を抱えていますから、ある種の極端な見解を提示されると深刻に悩むようになりがちです。私もさすがに怖かったのですが、どう考えてみても、「怒りの神」と「怒られている私」とは同じ観念的土俵に立つ者どうしだとしか思われません。この相対主義的理解を当時の私は、中学時代に覚えた般若心経の言葉をもって「色即是空、空即是色」というふうに表現しました。私のなかの神学的心理劇はこれだけで終わってしまいました。これもやはり竜頭蛇尾です。

仏教がキリスト教に勝ったとかという話ではありません。ようするに、神の超越の言説もまた制度的現実であると理解しただけのことです。そんなふうに納得したのは、私にとって先行して存在する仏教的言説の下敷きによるものであるのかもしれないし、私自身のたんなる実存的貧血症の結果かもしれません。

(この教会の人びとははっきり言って親切なよい人たちばかりでしたし、社会的な見てくれと利害関心ばかりに汲々としている世俗的一般人よりも、豊かな精神生活・共同生活を送っているとも言えると思います。マインドコントロールだなんてとんでもない! ファンダメンタリズムの教えのみが正しいと彼らが考えているのは、ただそう考えているというだけであって、それくらいの手前勝手な確信というのは左翼にだって右翼にだって世俗のビジネスマンにだってあります。この教会の善男善女はオバケ骸骨ではなく、それなりにちゃんとやっているのです。)

のちに私はどういうわけか宗教学を専攻し、「宗教」と呼ばれるものについて平均的日本人よりは詳しく考えるようになったのですが、「宗教」「信仰」「意識」「象徴」へ向かう求心性よりも、それらを裏側から支えている身体・制度・言語・習慣へと遠心的に、解体的に物事を見る発想から離れることはありませんでした。

ひと昔まえは、信仰の超越が個人の自律をうながすというようなことが、かなり抽象的に語られておりました。また、アメリカのカウンタカルチャーの影響で、日本でもヒッピーめいた実践や思想が流行しました。古き良き時代です。自律とか個人意識の変容を持ち出すのは、八〇年代以降目だつようになったビジネス成功訓話の場合も同じです。聖俗を問わず、個人主義的前提があるのが私たちの時代の特徴ですね。他方、微妙な社会的相互扶助関係が崩壊するにつれ、個人がアブユースの危険にさらされる度合いも高まってきました。私たちはますます神経質に、個人の意思や権利や尊厳を尊重せざるをえなくなりました。

近年は、こうした個人主義的モーメントを打ち消すがごとくに、ナショナリスト的保守とか、宗教右翼とか、個人を外枠から絡めとろうとする動きが目だつようになってきています。一方にある個人主義の加速的進行、他方にある管理主義的傾向の台頭、という二極分化はたいへん不幸なものです。生態系が壊れて地球の温度システムがおかしくなると、暑さも寒さも、乾燥も雨も、どっちも極端化するもののようですが、まるでそれみたいに、一方では個人意識がますます先鋭化され、他方ではますます無神経な管理主義が提唱されつつあります。

私が個人の実存よりも制度的な構造のほうにリアリティーを覚えるのは、なにもリベラル個人主義を否定して、保守回帰を志向しているというわけではありません。不幸な二極分化のプロセスそのものを見通すには、意識や情念や信仰に焦点を置く発想では間に合わなくなっているのではないかと、考えているのです。

　私は学者とはならずに、語学方面の編集をやって糊口の資を得るようになりました。もともと言語への関心が高かったのです。その一方で宗教学関係の本を読んだり、翻訳をやったりしておりました。最近翻訳したもので面白かったのは、タラル・アサドという学者の書いたイスラムや西洋文明に関する本です。私のちっぽけな頭がこの複雑な思考をする学者の議論についていっているとも思えないのですが、「宗教」を何らかの本質に集約して普遍主義的に、それも個人的信仰に焦点を置いて論じることの限界をはっきり私に教えてくれたのはこの人です。

「不都合な真実」が語られたり、石油生産もピークを過ぎたと言われたり、時代はずいぶん煮詰まってきたように思われます。オウムやビン・ラディンなど、いかにも現代的な、極端化の申し子も出没するようになり、他方では「宗教」への敵意も高まっております。私としては、凝り固まった観念をもみほぐすような解体的な本を何とか綴ってやろうと思わずにはいられませんでした。そして出来たのがこの本です。

　翻訳はやったことがあるものの、自分の本を書くのはこれがはじめてです。間違い、飛躍など、不適切な部分もあるでしょう。親切な方がご指摘くださるのをお待ちしております。

　本書の成立にあたっては、みすず書房の浜田優さんにたいへんお世話になりました。「宗教というものに抵抗のある人にでも通読して納得できるような、脱〝信仰〟型の宗教案内書が書けないものか」と提案されたのは浜田さんです。感謝します。なお、本文の日本語の推敲にあたっては翻訳家の秋山淑子さんのお世話にもなりました。ありがとうございます。

二〇〇七年三月吉日

中村圭志

読書案内

本書はどちらかというと「宗教」についての考え方を書いたものであって、さまざまな「宗教」についてのデータを教科書的に書きつづったものではありません。そこでまず「考える」という点について役に立ちそうな本を挙げてみようと思うのですが、私がとっさに思いつくのは、**プラトン**のソクラテス対話篇（**『国家』『ゴルギアス』『弁明』**、エトセトラ……）です。べつにプラトンのイデア論を信奉しろ、神学的思考の訓練をしろと言うのではありません。プラトンというのは、たとえば哲人支配であるとか、理想国家からの詩人追放とか、現代人の神経を逆なでする「刺激的な」議論をした人です。

プラトンが好きとか嫌いとかという感情は「宗教」が好きとか嫌いとかという感情に似たところがあります。ソクラテス対話篇を一個の論理的な戯曲として平然と読みとおす経験をしておけば、「宗教」と呼ばれるものをめぐるややこしいロジックあるいはレトリックあるいはトリックに神経を苛立たせずにつきあえるようになるための、格好のトレーニングになるでしょう。それにギリシャ人というのは、どんなものでも日常の平凡な論理の積み重ねで理解しようと頑張っていますから、そういう素朴さを身につけるためにも好都合です。というわけで岩波文庫のプラトンをどうぞ。

ギリシャ的ロゴスとは対極にある、しかしこれまた神経を苛立たせるものとして、禅語録というものが禅の世界に入れ、公案を読んで悟れと言っているのではありません。そうではなくて、人間の言語の用法にはこんなものもあるのか、と、とりあえずカルチャーショックを受けておいてほしいと思うのです。岩波文庫ではとっつきにくいので、中央公論社の〈世界の名著〉18『**禅語録**』とか、講談社学術文庫『**一日一禅**』(秋月龍珉)などが便利かと思います。「宗教」だろうが何だろうが、人間のやっていることを理解するには、言葉というものの豊かな働きになじんでおくことが肝要ではないかと私は感じております。

本書は「宗教」を「人間の伝統や制度一般から画然と区別される、独自な領域」ではないものとして扱ってきました。この視点からするならば、「宗教」と呼ばれるものを理解するには、社会全般のしくみについて——個人の私生活から企業や政府のシステムまで——幅ひろく想像力をめぐらす必要があります。「宗教」だけを論じていてもどうも無意味ではあるまいか?

いささか宣伝めくのですが、私が(共訳者と)訳出した**R・N・ベラー**他著『**心の習慣**』(みすず書房)はこの点で有益です。もっとも八〇年代のアメリカを扱ったものですから内容はいささか古いと申さねばなりません。また、著者らは「宗教」を社会との関係性において見ているものの、その扱いにはリベラル・キリスト教の自己擁護的な様相が見て取れ、この点でも疑問が残ります。いずれにせよ、知的ウォーミングアップの材料だと思って読めばそれでいいでしょう。

なお、この方向を延長していくと、個人的救済の対をなす公共的議論一般に目を通すべきだということになります。書店の書架には**ユルゲン・ハーバーマス**、**ジョン・ロールズ**といった公共問題の論客を紹介したガイドブックがいくつもあります。彼らの議論もまた、「宗教」学を遠心的にバックアップする要素であることを思い出してください。なお、大御所たる**カント**の議論(たとえば岩波文庫の『**道徳形而**

上学原論』）に目を通しておくことも有益でしょう。

「宗教」と呼ばれるものの具体的中身を知りたい向きには、各種の教科書・啓蒙書が揃っていますが、信者の歴史解釈という「思い入れ」ができるだけ薄いものがよいのだとすると、やはり大手出版社の文庫や新書に組み入れられている本などがお奨めとなります。あるいは各種の宗教についてシリーズ的に紹介している本（たとえば山川出版社の〈**世界宗教史叢書**〉）、一冊のうちに有名ブランドをいっぺんに紹介している本などもいいでしょう。事典のたぐいもいいかもしれません（平凡社の『**世界宗教大事典**』など）。

そうした概説書的な図書からはじめて、それらに参考書として掲げられている本へと徐々に読書範囲を広げていく、という呑気なやり方で知識を増やし、方向感覚を養っていけばよいのではないかと思います。そうすると、本書に書いてある事柄などじつに大雑把なスケルトンであることがおわかりいただけると思います。こうして「他人の目」でその「宗教」がどう記述されているか、なんとなく見当識を得られたならば、「当事者」たちの言説にモロ触れてみることが有益です。結局のところ、人生と歴史に対する独自の解釈の系譜があるということこそが、私たちにとっての新発見であろうからです。

今の社会でふつふつと湧き上がっている「宗教」的動向を知るには、新宗教や「精神世界」、ファンダメンタリズムなどについても知っておく必要があります。新宗教については弘文堂『**新宗教事典**』の案内にしたがってください。精神世界については**島薗進**『**精神世界のゆくえ**』（東京堂出版）などが格好の玄関口であり、「宗教」の危うさに心を痛めている向きには**櫻井義秀**『**「カルト」を問い直す**』（中公新書ラクレ）、**島田裕巳**『**オウム――なぜ宗教はテロリズムを生んだのか**』（トランスビュー）などもよいかもしれません。

世界各国で物議をかもしている「ファンダメンタリズム」については、私が訳した**マリーズ・リズン**

『ファンダメンタリズム』（岩波書店）が概観に便利です。ただしこの本は世界中の混乱した「宗教」の動向を個人主義的西欧の「理性」の規範を犯すものとしてひとまとめに語ろうとするところがあり、そのイデオロギー性が論述を混乱させています。宗教学のひとつの典型をジャーナリスティックに拡大したようなところのある本であり、なぜこのような記述では問題なのかを考えるための叩き台として便利に使えるという、皮肉な本でもあります。

「宗教学」の教科書ならばたくさんあります。井上順孝・月本昭男・星野英紀編**『宗教学を学ぶ』**（有斐閣選書）、島薗進・葛西賢太・福嶋信吉・藤原聖子編**『宗教学キーワード』**（有斐閣双書）、棚次正和・山中弘**『宗教学入門』**（ミネルヴァ書房）ほか、シリーズ本では岩波講座**『宗教』**（全一〇巻）などなど。

「宗教学」の古典として名高いものとしては、**エミール・デュルケム『宗教生活の原初形態』**、**マックス・ウェーバー『プロテスタンティズムの倫理と資本主義の精神』**、**ウィリアム・ジェームズ『宗教的経験の諸相』**などがあり、いずれも岩波文庫に入っています。昔の人が書いたものであり、どんな論述も時代的制約を免れないということを知るためにもよい古典かもしれません。

「宗教学」そのものが「宗教」と区別しがたくなるひとつの地点を確認しておきたい向きには、**ミルチャ・エリアーデ**の本（たとえば**『永遠回帰の神話』**、未來社）などが示唆に富んでいます。**C・G・ユング**の無意識に関する本も興味深い事例と言えます。ちなみに前述したウェーバーの宗教と近代合理社会との関係をめぐる議論も、それ自体が宗教的権威を思わせる熱心な語りの対象となった時代がありました。

今日「宗教」なるものをめぐるさまざまな（時代・社会の）人の語り方そのものから、批判的に分析していこうという気運が高まっています。世界じゅうで「宗教」がトラブルを起こしており、そうした「宗教」について語る信者や学者やジャーナリストの語り口そのものが、トラブルの中核部分にあります。一本気に「宗教とは何か？」と追究していけばよいというものではない、ということが痛切に感じられています。

　こうした方向でなかなかすぐれた議論をしていると私が思ったのは**増澤知子『夢の時を求めて』**（玉川大学出版局）と、**タラル・アサド『世俗の形成』**（みすず書房）です。じつはどちらも私が訳したものですから、宣伝を兼ねた紹介になり、読者は眉唾に思われるかもしれません。まあ、とにかく頭の体操にはなる本です。とくにアサドの本は、躍起になって「宗教」を論じている私たち自身の「世俗」的前提について再考をうながす（私たちの足元に光を当てる）、重要な問題提起をなしており、これはかなり大事な本なのではないかと私は個人的に感じております。

　これらはすなわち「言説」の再考というタイプの議論ですが、その心意気を知りたい向きは原動力たる**ミシェル・フーコー**の書物に目を通されることです。また、これと関連して後期の**ウィトゲンシュタイン**の本なども参考になり、それとは別に**エドワード・サイード**の著作、ポストコロニアル問題を扱った本なども関連図書に挙げなければなりません。

　足元を見る、というのは、いわゆる「宗教」問題を考えるにあたってもっとも肝心なことではないかと思います。もろもろの伝統のなかには、常識的ロジックを逸脱した言語活動をもつものが多く含まれております。マスコミ関係者を含む西洋事情の紹介者のなかには、禅であれ、新宗教の教祖の発言であれ、日本や東ユーラシアの「宗教」の――また日常世界の――レトリックにまったくなじみがないままに、イスラム教徒やローマ法王やプロテスタント根本主義者らの「超越的な」発言に驚きあやしみ、理解に苦しんだり気分的に感服したりする人たちがいます。他者の理解はまずオノレ（あるいはご近所）の理解から始まるのではないでしょうか？

また、日本的不合理はただの辺境的慣習として、西洋的不合理は日本人の想像力の及ばぬ高邁な思想の顕れとして、ダブルスタンダード的に論じる人もいます。たとえば神の超越性を示すキリストの奇蹟と日本などの混沌としたオカルトとは違う、といったことが語られています。キリスト教の信徒指導にあたる説教師の立場からは理解できる話です。しかし、キリスト教の外にいる人間がこれを客観的事実であるかのように語るとなると、論者の批判基準はいったいどこにあるのか、疑いたくなるのが当然です。というわけで、情報エリートの書いた宗教論もまた、偏見や主観性、時代性を免れないということをご理解いただきたいと思います。

マ行

ヤ行

ラ行

タ行

ナ行

ハ行

サ行

索引

ア行

カ行

著者略歴

（なかむら・けいし）

1958年，北海道小樽市に生まれる．北海道大学文学部卒業．東京大学大学院人文科学研究科修了，宗教学専攻．編集者・翻訳家．著書：『ビジュアルでわかるはじめての〈宗教〉入門』（河出書房新社，2023年），『亜宗教――オカルト，スピリチュアル，疑似科学から陰謀論まで』（インターナショナル新書，2023年），『宗教図像学入門』（中公新書，2021年），『24の「神話」からよむ宗教』（日経ビジネス人文庫，2021年）他多数．訳書：マリーズ・リズン『1冊でわかるファンダメンタリズム』（岩波書店，2006年），タラル・アサド『宗教の系譜――キリスト教とイスラムにおける権力の根拠と訓練』（岩波書店，2004年），ロバート・N・ベラー他『心の習慣――アメリカ個人主義のゆくえ』（共訳，みすず書房，1991年）他多数．

中村圭志
信じない人のための〈宗教〉講義

2007年 5月23日 初 版第1刷発行
2024年 6月14日 新装版第1刷発行

発行所 株式会社 みすず書房
〒113-0033 東京都文京区本郷2丁目20-7
電話 03-3814-0131(営業) 03-3815-9181(編集)
www.msz.co.jp

本文印刷・製本所 中央精版印刷
扉・表紙・カバー印刷所 リヒトプランニング

ISBN 978-4-622-09726-6
[しんじないひとのためのしゅうきょうこうぎ]